Andrea von Borries

**Gebisse
Zäume
Sättel**

Andrea von Borries

Gebisse
Zäume
Sättel

Die richtige Ausrüstung
für Pferde und Ponys

72 Farbfotos
20 Zeichnungen

VERLAG
EUGEN
ULMER

Umschlagfotos
Vorderseite: Westernzäumung mit Einohrzaum.
Rückseite: Klassische Kandare (oben links), Springsattel (oben rechts),
Kombiniertes Reithalfter (unten).

Das vorliegende Buch hätte ohne die freundliche Unterstützung der Firmen Hermann Sprenger und Western Imports nicht in dieser Form erscheinen können. Für das zur Verfügung gestellte Bildmaterial bedanken sich Autorin und Verlag vielmals.

Die Deutsche Bibliothek - CIP-Einheitsaufnahme

Borries, Andrea von:
Gebisse, Zäume, Sättel : die richtige Ausrüstung für Pferde und Ponys / Andrea von Borries – 1. Aufl. – Stuttgart (Hohenheim) : Ulmer, 1998
ISBN 3-8001-7389-1

Das Werk einschließlich aller seiner Teile ist urheberrechtlich geschützt. Jede Verwertung außerhalb der engen Grenzen des Urheberrechtsgesetzes ist ohne Zustimmung des Verlages unzulässig und strafbar. Das gilt insbesondere für Vervielfältigungen, Übersetzungen, Mikroverfilmungen und die Einspeicherung und Bearbeitung in elektronischen Systemen.

© 1998 Eugen Ulmer GmbH & Co.
Wollgrasweg 41, 70599 Stuttgart
(Hohenheim)
Printed in Germany
Lektorat: Sigrun Wagner
DTP und Produktion: Ulla Stammel
Druck und buchbinderische Verarbeitung: Friedrich Pustet GmbH, Regensburg

Vorwort

Seit geraumer Zeit läßt sich unter den Freizeitreitern ein erfreulicher Trend feststellen, und zwar der Trend zur selbständigen Weiterbildung von Reiter und Pferd. Das Interesse an leichter Reitweise, Trekking- und vor allem Westernreiten nimmt stetig zu. Zu all diesen Bereichen gehört auch das theoretische Lernen, wie es in guten Reitbetrieben selbstverständlich sein sollte. Das theoretische Wissen über Zucht und Haltung, Pflege, reiterliche Hilfen und vieles mehr kann sich der interessierte Freizeitreiter mit Hilfe von zahlreichen Fachbüchern aneignen – allerdings ist in diesen Büchern ein wichtiger Sektor bisher überwiegend ausgespart worden: Die Ausrüstung.

Da aber viele Probleme aus der Wahl der falschen, nicht passenden oder auch anders als gedacht wirkenden Ausrüstung resultieren, will sich dieses Buch ausschließlich mit diesem Thema befassen und versuchen, als eine Art Leitfaden durch den schier unüberschaubaren Wald der Ausrüstungsgegenstände zu dienen. Der interessierte Leser kann sich mit deren Wirkung und Aufbau vertraut machen und die Unterschiede verstehen lernen.

Das mittlerweile riesige Angebot an unterschiedlichsten Gebissen, Zäumungen, Hilfszügeln und Sätteln soll so umfassend wie möglich beschrieben werden, damit der Leser sich ein Bild davon machen kann, wie er die Ausrüstung als positive Unterstützung in seine Arbeit mit dem Pferd einbeziehen kann.

Grundsätzlich sollte man bedenken, daß jegliche Ausrüstung eine Hilfe sein sollte, mit der man dem Pferd auf harmonische Art verständlich machen kann, was man von ihm erwartet. Dies gilt im besonderen für das Gebiß, da dieses im besten Fall, d.h. mit fühliger, nachgebender Hand eingesetzt, auf den gesamten Körper und somit auf das physische wie auch psychische Gleichgewicht des Pferdes einwirkt. Es ist daher wichtig, sich von vornherein einfühlsam und tolerant mit der Auswahl des richtigen Gebisses zu beschäftigen und schließlich eine Variante auszuwählen, die dem Pferd schmeckt und damit meist auch vertrauensvoll angenommen wird.

Die Art und Weise, in der eine Vielzahl von Pferden heutzutage gezäumt und mit Gebissen ausgerüstet wird, kann aber leider in manchem Fall nur als gedankenlos bezeichnet werden. Viele Pferde werden jahrein, jahraus mit dem gleichen Gebiß geritten, egal ob dieses dem Pferd paßt und zusagt oder nicht. Selbst wenn das Pferd deutlich seine Abneigung gegen das verwendete Gebiß bekundet, sei es durch Kopfschlagen, Sperren, schwer zu regulierendes Temperament oder schlechte Rittigkeit, durch Zungenstrecken oder auch nur Gegenwehr beim Auftrensen, wird oft nur irgendein gerade greifbarer Hilfszügel eingeschnallt, der dann zur Dauereinrichtung wird. In den seltensten Fällen wird versucht, die Ursache abzustellen, leider wird meist nur am Symptom kuriert.

Dabei ist es doch eine bekannte Tatsache, wie gut hier ein Wechsel tun kann; ein neues, anderes, jedoch nicht schärfer wirkendes Gebiß fördert die Aufmerksamkeit des Pferdes eminent und motiviert oft zur besseren Mitarbeit. Auch ein häufigerer Wechsel zwischen mehreren Gebissen wirkt sich in den meisten Fällen

**Linke Seite:
Pony-Westernsattel.**

**Foto Seite 2:
Korrekt gezäumte Westernpferde in vorbildlicher Manier. So haben Reiter und Pferd Spaß an der Sache.**

Vorwort

Rechte Seite: Eine Dressurkandare, korrekt verschnallt, mit sehr dicker Unterlegtrense.

sehr positiv aus, zumal wenn die verwendeten Gebisse mit Bedacht und Überlegung ausgewählt werden. Oft kommt es aber auch auf einen Versuch an, ob ein Pferd ein Gebiß annimmt, damit zurechtkommt und damit arbeiten mag.

> Wichtig ist, daß man nie außer acht läßt, welche Funktion das Gebiß beim Reiten hat: Es ist eine Hilfe, mit der man Pferden verständlich macht, was man von ihnen möchte und erwartet! Es ist kein Zwangsmittel, mit dem das Pferd zur Mitarbeit gezwungen werden soll. Als Verständigungshilfe kann ein Gebiß aber nur dann dienen, wenn das Pferd unser Hilfsmittel annimmt und akzeptiert - tut es dies nicht, wird die Verständigung unmöglich.

Die nachfolgenden Betrachtungen ermöglichen es daher jedem Reiter, sich unter den zahlreichen auf dem Markt angebotenen Gebissen, Zäumungen und sonstigen Ausrüstungsgegenständen umzusehen und zurechtzufinden. Die physikalische Wirkung im Zusammenhang mit der Anatomie des Pferdes wird erläutert, Tips zu Einsatz und Verwendung werden gegeben. Zu viele sogenannte Unarten unseres Freizeitkameraden Pferd resultieren aus falschen, nicht passenden oder dem Ausbildungsstand nicht gerecht werdenden Zäumungen oder Gebissen und lassen sich daher relativ einfach beseitigen.

Wenn in diesem Buch die Rede vom Pferd ist, so schließt dies natürlich die Ponys aller Größen mit ein. Einer meiner Ausbilder pflegte zu sagen: „Natürlich sind Ponys auch Pferde – oder sind etwa Pygmäen keine Menschen!?!"

Legau, im Frühjahr 1998
Andrea von Borries

Inhaltsverzeichnis

Vorwort 5

Halfter und Führstricke 10

Halfter 10
Stallhalfter 10
Koppelhalfter 10
Provisorische Führhalfter 12
Fohlenhalfter 12

Führstricke 12

Gebisse 14

Kleine Materialkunde 14
Edelstahl 14
Argentan 14
Aurigan 14
Eisen 16
Kupfer 16
Bronze 16
Messing 16
Gummi 16
Kunststoff 17
Leder 17

Gebrochene Gebisse 18
Einfach gebrochene Gebisse ohne Hebelwirkung 18
Doppelt gebrochene Gebisse ohne Hebelwirkung 19
Gebrochene Gebisse mit Hebelwirkung 20
Verwendung gebrochener Gebisse 21
Die einzelnen Gebißvarianten 22
Korrektur- und Spezialgebisse 28

Stangengebisse und Kandaren 34
Stangengebisse ohne Hebelwirkung 34
Stangengebisse mit Hebelwirkung und Kandaren 36
Verwendung von Stangengebissen und Kandaren 41
Die einzelnen Gebißvarianten 42
Kalifornische Gebisse 50
Korrektur- und Spezialgebisse 52

Gebißlose Zäumungen 54

Übersicht über die verschiedenen Zäumungen 54
Bosal: Amerikanische und Peruanische Ausführung 54
Lindel, Sidepull 57
Mechanische Hackamore 58
Vosal 59
Merothisches Reithalfter, Merothische Kombination 60
Halsring 61

Zäume 62

Kopfstück 62

Reithalfter 64
Deutsches Reithalfter 65
Hannoversches Reithalfter 66
Englisches Reithalfter 66
Mexikanisches Reithalfter 69
Amerikanisches Sperrhalfter 69

Zügel 69

Kappzaum 71

Inhaltsverzeichnis

Zusätzliche Ausrüstung 72
Kinnkette 72
Pullerriemen 73
Scherriemen 75
Kineton 75
Pelhamriemen 75
Stopperriemchen 75
Gummischeiben 75

Hilfszügel 76

Ausbindezügel 76

Stoßzügel 76

Martingal 78
Feststehendes Martingal 78
Tie-Down 78
Gleitendes Ringmartingal 79

Schlaufzügel 79

Weitere Hilfszügel 80
Köhlerzügel 80
Chambon 80
Gogue 80
Colbert-Zügel 80
Lorenz-Zügel / Dreieckszügel . 81

Sättel 82

Englische Sättel 82
Aufbau und Paßform 82
Dressursattel 87
Springsattel 87
Vielseitigkeitssattel 88
Spezialsättel 88

Westernsättel 89
Sattelbäume 90
Paßform 92
Pleasure Sattel 94
Spezialsättel 95

Trachtensättel 98
Haflingersattel 98
Isländersattel 98
Militärsattel 99

Arbeitssättel 100

Sattelzubehör 102

Sattelunterlagen 102
Klassische Satteldecke 104
Schabracke 104
Gelkissen und Sattelpad 105
Indianerdecken 106
Woilach 107
Naturfelle 107

Steigbügel und Steigbügelriemen .. 108
Klassischer Steigbügel 108
Sicherheitsbügel 108
Kournakoff-Bügel 108
Camargue-Bügel 109
Westernsteigbügel 109
Steigbügelriemen 110

Sattelgurte 110
Schnurengurte 112
Ledergurte 112
Web- und Textilgurte 112
Neopren- und Synthetikgurte .. 112
Elastikgurte 113
Kodelgurte 113
Gurtschoner 113

Vorderzeug 113

Brustblatt-Vorderzeug 115
V-Vorderzeug 115

Schlußbetrachtung 116

Bildquellen 120
Literatur 121
Register 122

Halfter und Führstricke

Rechte Seite: Ein hübsches Vorführhalfter mit Silberbeschlägen – für besondere Anlässe gedacht.

Schon als Fohlen machen die meisten Pferde ihre erste Bekanntschaft mit Halfter und Strick. Die alltäglichen Arbeiten rund um das Pferd wie Führen, Anbinden und Pflege sind nur dann möglich, wenn das Pferd an ein Halfter und das Führen bzw. Anbinden gewöhnt ist. Da man dem Pferd bei diesen Routinearbeiten wenig Zwang antun möchte, sollte hier die Einschränkung der Bewegungsfreiheit mit minimaler physischer Krafteinwirkung erfolgen. Allerdings reicht diese Einwirkung mit dem Stallhalfter bei einem widerspenstigen Pferd nicht aus, um sich den nötigen Respekt zu verschaffen. Für ein gut erzogenes Pferd dagegen genügt im täglichen Umgang ein Stallhalfter ohne weiteres.

Halfter

Stallhalfter

Früher wurden Halfter hauptsächlich dazu benutzt, die Pferde in den Ständen anzubinden. Heute ist man glücklicherweise größtenteils zur Boxenhaltung übergegangen, das Pferd trägt das Stallhalfter beim Putzen auf der Stallgasse, auf dem Weg zur Koppel und eventuell sogar während des Weideganges.

Das Stallhalfter ist entweder aus **Leder** oder aus **Nylonband** bzw. **Nylonseil** gearbeitet. Es sieht aus wie ein einfacher Trensenzaum ohne Stirnband, d.h. es besteht aus Kopfstück, Backenriemen, Nasenriemen und Kehlriemen. Der Nasenriemen endet unter dem Kopf in einem breiten Metallring, in dem der Anbinde- oder Führstrick befestigt werden kann. Zumindest das Kopfstück hat eine verstellbare Schnalle, mit der sich die Größe des Halfters regulieren läßt. Viele Leder- und manche Nylonhalfter sind zusätzlich durch Schnallen im Kehl- und im Nasenriemen verstellbar.

Ein Halfter muß in der Größe dem Pferdekopf angepaßt sein. Der Nasenriemen sollte etwa drei bis vier Finger breit unterhalb des Jochbeins liegen und genügend Spiel haben, damit das Fell am Kopf nicht abgescheuert wird. Er darf aber auch nicht so weit sein, daß das Pferd mit dem Halfter an einem Pfosten oder einem Ast hängenbleiben kann. Genauso sollten auch Kopfstück und Kehlriemen angepaßt werden: Ausreichend Spielraum, damit das Halfter nicht scheuert, jedoch nicht so weit, daß das Pferd sich beim Kratzen mit einem Huf im Halfter verfangen oder es abstreifen kann.

Eine leider weit verbreitete Unsitte ist es heutzutage, daß die Pferde ihre Stallhalfter 24 Stunden am Tag tragen. Das Halfter ist ein Ausrüstungsgegenstand, den das Pferd nur tragen sollte, wenn es notwendig ist. Auf der Koppel bzw. im Stall sollte man das Halfter abnehmen. Lederhalfter und stabil gearbeitete Nylonhalfter sind hervorragend zum Anbinden und auch zum Führen, als Weidehalfter sind sie jedoch nicht geeignet, da sie nicht nachgeben, wenn das Pferd sich damit verfängt.

Koppelhalfter

Wenn ein Pferd auf der Weide unbedingt ein Halfter tragen muß, beispielsweise weil es sich ansonsten nur sehr schlecht

Halfter und Führstricke

fangen läßt, so kann ein leichtes **Gurtbandhalfter** eingesetzt werden. Es sollte nur einfach genäht sein, nicht doppelt und auch nicht genietet, damit es in einer gefährlichen Situation reißen kann. Damit können gefährliche Verletzungen auf der Weide beim Kratzen oder Wälzen vermieden werden.

Ein solches Koppelhalfter ist nur am Kopfstück verstellbar. Zum Einhaken des Führstrickes sollte zumindest am Nasenriemen unten ein Ring eingearbeitet sein. Es gibt auch Koppelhalfter, die an diesem Ring ein kurzes Stück Seil tragen, ein sogenanntes **Fangseil**. Dieses Fangseil kann unter Umständen recht nützlich sein, wenn ein Pferd sich wirklich nicht einfangen lassen will. Andererseits besteht die Gefahr, daß das Pferd beim Grasen auf das Seil tritt und in Panik gerät oder das Halfter zerreißt.

Provisorische Führhalfter

Vor allem aus südlichen Ländern kommen sogenannte provisorische Führhalfter, die dort auch zum Anbinden dienen. Diese Halfter bestehen in der Regel nur aus einem leichten **Baumwollband,** das in einem Stück Backen- und Nackenriemen bildet. Dieser einzelne Baumwollriemen endet dann in einem durchgehenden Nasenband, an dessen unterem Ende eventuell ein Ring zum Anbinden eingenäht ist.

Diese provisorischen Führhalfter sind sehr leicht, so daß sie auch unter dem Zaum getragen werden können. Wegen ihrer leichten Struktur sind sie jedoch nur bedingt dazu geeignet, ein Pferd zum Putzen, beim Hufschmied oder Tierarzt anzubinden und zu fixieren. Voraussetzung für den Einsatz eines provisorischen Führhalfters ist ein sehr wohlerzogenes Pferd, das sich in jeder Situation anbinden läßt und das nicht versucht, sich durch Zug zu befreien.

Fohlenhalfter

Fohlenhalfter, die sehr einfach und leicht gearbeitet sein sollten, bestehen normalerweise aus Nacken- und Nasenriemen sowie einem schräg eingesetzten Verbindungsriemen zwischen diesen beiden Teilen. Der Anbindering befindet sich normalerweise unterhalb der Ganaschen. Sowohl Kopfstück als auch Nasenriemen sind verstellbar.

Bei Fohlen ist der korrekte Sitz des Halfters besonders wichtig. Es sollte weich am Kopf anliegen, damit das Fohlen unter keinen Umständen mit dem Halfter irgendwo hängenbleiben kann, vor allem wenn es das Halfter zum leichteren Einfangen auch auf der Weide trägt. Auch beim Fohlenhalfter ist es wichtig, auf **gutes Material** zu achten, das nicht scheuert.

Führstricke

Über den Führstrick machen sich die meisten Pferdebesitzer keine besonderen Gedanken. Da aber die auf dem Markt angebotenen Standardstricke in Ausführung und Qualität doch sehr verschieden sind, soll hier kurz darauf eingegangen werden. Die meisten Standardstricke sind etwa 2 bis 2,5 m lang. Kürzere Stricke, wie sie teilweise für Ponies angeboten werden, sind nicht dafür geeignet, ein Pferd korrekt und sicher anzubinden und zu führen.

Auch die angebotenen Materialien sind sehr unterschiedlich. Zum einen gibt es **Nylonstricke,** die eigentlich unverwüstlich sind. Sie haben aber den Nachteil, daß sie schwere Verbrennungen verursachen können, wenn das Pferd beiseite springt und dadurch dem Führer den Strick durch die Hand zieht. Stricke aus **Jute** sind sehr stabil und langlebig, fühlen sich aber in der Hand recht stachelig an. Im Bereich des Westernreitens findet man überwiegend Stricke aus **Perlon** oder **Baumwolle.** Perlonstricke sind ebenfalls unverwüstlich,

Führstricke

fransen im Gegensatz zu Nylon auch nicht aus, verursachen aber die gleichen Verletzungen in der Hand. Baumwollstricke dagegen sind, sofern sie ausreichend stark sind, ebenfalls sehr robust, gut zu waschen und verursachen dabei keine Brandwunden, wenn das Pferd scheut.

Führstricke sind heute in der Regel mit einem Karabinerhaken oder Panikhaken versehen. Wenn der Führstrick häufig auch zum Anbinden verwendet wird, ist ein **Panikhaken** vorzuziehen. Dieser Haken öffnet sich bei extremem Zug, so daß gefährliche Situationen bzw. mögliche Verletzungen beim Anbinden vermieden werden. Hat der Führstrick nur einen **Karabinerhaken,** bzw. wie früher häufig üblich eine Öse, durch die er gezogen und am Halfter fixiert wird, empfiehlt es sich, die Pferde mit einem Sicherheitsknoten anzubinden, der sich auf Zug am offenen Ende öffnet.

Auch aus einem einfachen Strick läßt sich schnell ein provisorisches Halfter schlingen.

13

Gebisse

Rechte Seite: Eine Dressurkandare, die leicht „durchfällt". Die Kinnkette ist zu lang, daher kann der Winkel zwischen Kandarenbaum und Maulspalte mehr als 45° betragen. Die Wirkung des Gebisses wird damit verfälscht.

Das Pferd sollte das ihm angebotene Gebiß vertrauensvoll annehmen, das heißt, es sollte zufrieden kauen. Durch das Kauen wird ein Nervenimpuls ausgelöst, der sich dem Zungen-Brustbein-Muskel mitteilt und diesen lockert und entspannt.

Grundlage hierfür ist zum einen, daß das Gebiß paßt. Das heißt, es muß die richtigen Abmessungen haben und dem Ausbildungsstand angemessen sein. Zum zweiten aber spielt hier die Auswahl des richtigen Materials eine sehr große Rolle. Die Erfahrung lehrt, daß jedem Pferd bestimmte Materialien schmecken, andere wiederum nicht. Daher sei hier dem eigentlichen Kapitel Gebisse eine Übersicht über die hauptsächlich zum Einsatz kommenden Gebißmaterialien vorangestellt, mit kurzen Hinweisen auf Materialeigenschaften sowie mögliche Vor- und Nachteile.

Kleine Materialkunde

Edelstahl

Hier handelt es sich um Stähle, die durch Zusätze von Nickel, Chrom, Molybdän, Wolfram u.a. besondere Eigenschaften erhalten. Edelstahl ist besonders verschleißfest und korrosionsbeständig, also pflegeleicht. Edelstahl als Gebißmaterial wirkt neutral, wird aber von sehr vielen Pferden als langweilig eingestuft. Es regt die Kautätigkeit und die Speichelbildung nur wenig an. Bei alten Edelstahlgebissen sollten die Mundstück-Gebißring-Verbindungen regelmäßig auf Verschleiß und Scharten überprüft werden.

Argentan

Argentan ist auch bekannt als Neusilber oder German Silver. Es handelt sich um eine Legierung aus etwa 60 % Kupfer, 15 bis 20 % Nickel und 15 bis 20 % Zink. Außerdem können bei importierten Argentangebissen Spuren von Blei, Zinn oder Eisen enthalten sein. Das Material ist sehr hart und korrosionsbeständig, in seinen Eigenschaften also dem Edelstahl gleichzusetzen. Jedoch ist zu beachten, daß besonders Zinn und Blei gesundheitlich nicht ganz unbedenklich sind und bei längerem Gebrauch durch den Säureanteil im Speichel gelöst werden können.

Aurigan

Aurigan ist ein von der Fa. Hermann Sprenger neu entwickeltes, bereits zum Patent angemeldetes Gebißmaterial, eine Spezial-Kupferlegierung mit 85 % Kupfergehalt. Legierungspartner sind Zink (11 %) und Silicium (4 %). Das Silicium gibt diesem Material eine hohe Festigkeit und ermöglicht so andererseits den hohen Kupfergehalt. Nach Untersuchungen des Toxikologischen Instituts der Tierärztlichen Hochschule Hannover zeigt Aurigan sogar ein besseres Oxidationsverhalten als 100 % Kupfer und regt daher deutlich den Speichelfluß an.

Ein weiterer Vorteil von Aurigan liegt darin, daß dieses Material absolut **nickelfrei** ist. Inzwischen weiß man, daß Nickel als Auslöser von zahlreichen Allergien angesehen werden muß. Da Aurigan jedoch noch ein relativ junges Gebißmate-

Gebisse

rial ist, kann über die Langzeitbeständigkeit dieses Materials noch keine definitive Aussage gemacht werden.

Eisen

Eisen findet heute als Gebißmaterial in speziellen Legierungen (sogenanntes Sweet Iron = süßes Eisen) mit tiefbrauner bis schwarzer Optik, auch Brünierung genannt, Verwendung. Hier ist zu beachten, daß diese Brünierung nur noch bei wenigen amerikanischen Herstellern im traditionellen Verfahren, also durch ein Bad in heißem Öl, aufgebracht wird. Viele Importgebisse haben eine **chemische Brünierung,** über deren Auswirkung auf die Pferdegesundheit bisher noch keine Erkenntnisse vorliegen.

Eisen bildet durch Kontakt mit Luftfeuchtigkeit einen feinen Flächenrost, der süßlich schmeckt und sowohl die Speichelbildung wie auch die Kautätigkeit anregt. Vor allem ältere Eisengebisse sind regelmäßig auf Scharten oder Risse zu überprüfen. Auch die Verbindung zwischen Mundstück und Gebißring sollte kontrolliert werden, da das Material hier verschleißen und die Lefzen einklemmen kann.

Kupfer

Kupfer ist ein relativ zähes, aber weiches Metall. Reine Kupfergebisse sind selten, Kupfer wird jedoch gerne in Kombination mit Eisen bzw. Edelstahl verwendet. Bei solchen Gebissen bilden sich zwischen den Materialien Mikrovolt-Spannungen, die das Pferd durch ein leichtes Kribbeln deutlich zu verstärkter Speichelbildung und Kautätigkeit anregen. Kupfer gehört nicht zu den pflegeleichten Gebißmaterialien. Aufgrund der geringen Härte zeigt es deutlichen Verschleiß. Bei Kontakt mit der Luftfeuchtigkeit bzw. auch dem Speichel bildet sich die sogenannte Patina (grünlicher Überzug aus Kupferkarbonat), unter verstärktem Säureeinfluß entsteht **Grünspan** (giftiges Kupferazetat).

Trotz dieser Nachteile ist ein gewisser Kupferanteil im Gebiß empfehlenswert, da dieses Material den meisten Pferden gut schmeckt. Beliebt sind auch Gebisse mit Kupfernoppen oder -scheiben wie beispielsweise beim Rollengebiß. Gebisse mit höherem Kupferanteil oder aus reinem Kupfer müssen aufgrund des hohen Verschleißes regelmäßig kontrolliert werden. Sobald Scharten oder Risse entstehen, müssen sie ausgewechselt werden.

Bronze

Bronze ist eine Kupferlegierung mit einem Kupfergehalt von etwa 90 %. Legierungspartner war früher Zinn (10 %), heute werden diese Gebisse meist aus Aluminium-Bronze hergestellt. Das Material ist im Gegensatz zu Kupfer sehr verschleißfest und korrosionsbeständig. Es wird jedoch selten für Gebisse verwendet, da die Verarbeitung weitaus schwieriger ist.

Messing

Diese Kupferlegierung hat einen Kupfergehalt von 40 bis 90 % und enthält 10 bis 60 % Zink. Messing ist ebenfalls recht korrosionsbeständig, allerdings in bestimmten Legierungsverhältnissen sehr spröde. Als Gebißmaterial ist Messing fast ausschließlich bei Importprodukten aus dem mittleren und fernen Osten anzutreffen, und auch hier meist nur im Fahrsportbereich.

Gummi

Das in der Gebißherstellung verwendete schwarze Gummi ist kein reines Naturkautschuk-Produkt. Je nachdem ob Hartgummi oder Weichgummi benutzt wird,

Kleine Materialkunde

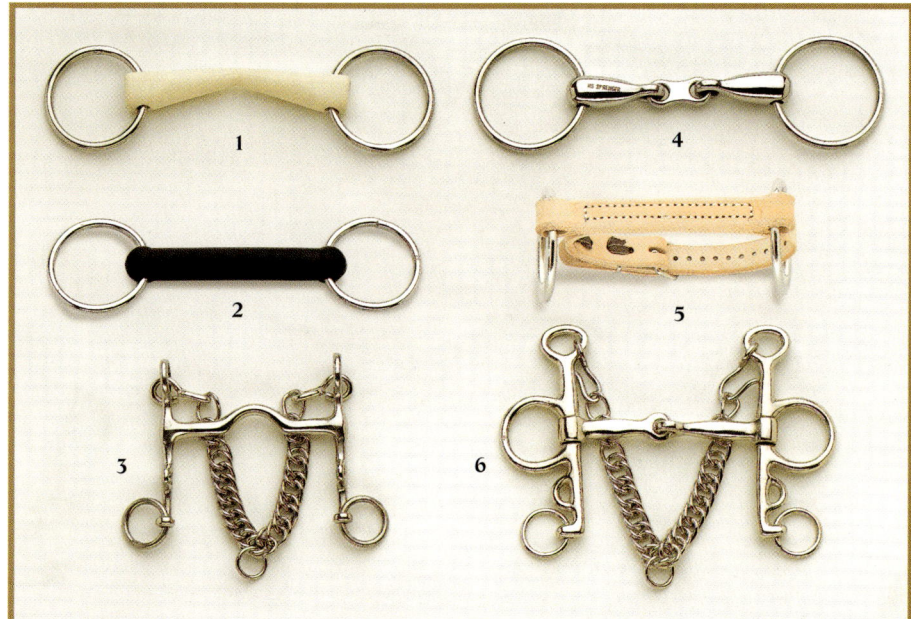

Verschiedene Gebißmaterialien am Beispiel von Pony- und Kleinpferdegebissen.

1) Pony-Duo Trense aus Kunststoff mit Edelstahl-Seele; 2) Pony-Gummitrense aus schwarzem, biegsamem Weichgummi mit einer Drahtseele aus rostfreiem Stahl; 3) Pony-Kandare; 4) Dr. Bristol Ponytrense; 5) MR Ledergebiß; 6) Pony-Pelham, hier mit gebrochenem Mundstück. Bessere Wirkung erzielt man mit einem Stangen-Pelham.

ist das Gebiß mehr oder weniger weich, auf jeden Fall ist es jedoch verschleißanfällig und besitzt eine offenzellige Oberflächenstruktur, die Feuchtigkeit bindet. Das Material ist daher nur für Pferde zu empfehlen, die von sich aus stark speicheln und keine Anregung des Speichelflusses oder der Kautätigkeit benötigen. Für diese Tiere ist es aber dann auch ein sehr angenehmes flexibles Gebißmaterial. Aufgrund fehlender Härte sind nur Gummigebisse mit Metalleinlage als sicher einzustufen und zu empfehlen.

handelt es sich um naturfarbene bis weiße Gebisse mit geschlossenzelliger Oberflächenstruktur. Das Material ist zäher und somit widerstandsfähiger gegen Verbiß als Gummi. Außerdem bindet es aufgrund seiner Oberfläche mit Abstand nicht so viel Feuchtigkeit und ist daher breiter einsetzbar. Gummi- und Kunststoffgebisse sind Geschmackssache (des Pferdes wohlgemerkt, nicht des Reiters). Bei diesen Materialien kommt es grundsätzlich auf einen Versuch an, wie sie vom Pferd angenommen werden.

Kunststoff

In den 80er Jahren wurden in Deutschland **Nathegebisse** gern eingesetzt. Inzwischen gibt es verschiedene Kunststoffe, die für Gebisse verwendet werden. Meist

Leder

Leder als Naturmaterial ist pferdefreundlich, aber sehr pflegeintensiv. Vor dem ersten Gebrauch muß es ausreichend lange in Öl eingelegt werden. Zu beachten

Gebisse

ist hier, daß zur Pflege kein Lederöl, sondern **Speiseöl** eingesetzt werden muß, da Lederöl unbekömmliche, chemische Stoffe enthält. Außerdem sollte unter keinen Umständen Chromleder für ein solches Gebiß verwendet werden, da der Säureanteil im Speichel die bei der Gerbung eingesetzten giftigen Chromsalze lösen kann. Leder schmeckt eigentlich jedem Pferd, regt die Kautätigkeit deutlich an und fördert so den Speichelfluß. Ledergebisse sollten regelmäßig auf Verbißspuren und Risse geprüft werden.

Beim Kauf eines neuen Gebisses sollte man eines bedenken: Vor allem Importgebisse, die angeblich aus Kupfer, Nickel, Messing oder Eisen sein sollen, sind oft nur beschichtet. Diese **Oberflächenbeschichtungen** werden chemisch aufgebracht und sind meist extrem dünn (bis zu 1/1000 mm). Das bedeutet zum einen, daß diese Schicht vom Pferd sehr schnell abgekaut werden kann. Außerdem können Teile dieser Beschichtung abplatzen, werden verschluckt und gelangen in den Magen-Darm-Trakt des Pferdes. Die gesundheitlichen Auswirkungen, speziell bei allergenen Beschichtungen, kann sich jeder selbst ausmalen. Außerdem entstehen scharfe Kanten am Mundstück, die im Maul zu Verletzungen führen können.

> Auch wenn nun das eine Material die Kautätigkeit fördert, ein anderes dagegen nur wenig, so sollte sich doch jeder Reiter darüber im Klaren sein, daß es mit dem Gebißmaterial alleine nicht getan ist. Wichtig sind natürlich die notwendigen reiterlichen Hilfen, sie sind der tatsächliche Auslöser für das freie Kauen des Pferdes bei der Arbeit.

Allerdings konnte ich immer wieder beobachten, daß Pferde auch ohne einen Reiter im Sattel entweder genüßlich auf ihrem Gebiß kauen oder eben auch nicht. Also nimmt auch das Material und die Art des Gebisses Einfluß auf das Kauen – und dies sollte sich der Reiter zunutze machen.

Gebrochene Gebisse

Einfach gebrochene Gebisse ohne Hebelwirkung

Hierzu gehört die klassische **Wassertrense** mit all ihren Variationen und Spielarten. Da alle diese Modelle ähnlich wirken, sollte man sich zuerst mit dem Aufbau und der Wirkung / Kraftübertragung eines solchen Gebisses im Pferdemaul befassen.

In Ruhestellung – also ohne Zügeleinwirkung – liegt das gebrochene Gebiß sowohl auf der Zunge wie auf den Laden des Pferdes. Hat das Gebiß ein ausreichendes Eigengewicht, so wird es ohne Einwirkung von außen ruhig an dieser Stelle liegenbleiben. Werden jetzt die Zügel angenommen, beginnt die Wassertrense um ihren Auflagepunkt an der Lade zu schwenken, das Gelenk in der Mitte des Mundstücks klappt und richtet sich Richtung Gaumen auf. Man hat so eine verstärkte Einwirkung auf die Laden des Pferdes und reduziert die Einwirkung auf die Zunge.

Die Wirkung eines Gebisses im Pferdemaul wird außerdem durch mehrere gebißtypische Eigenschaften beeinflußt, z.B. durch die Dicke des Mundstückes. Je dicker es ist, desto mehr wird die einwirkende Kraft verteilt, je dünner das Mundstück ist, desto punktueller ist die Einwirkung, um so schärfer wirkt das Gebiß.

Die Biegung des Mundstücks ist ebenfalls unterschiedlich. Ist der Gebißschenkel des Mundstücks nahe des Trensenringes gebogen, verläuft zum Gelenk hin aber gerade, so ist die Hebelwirkung relativ gering. Verläuft die Biegung des Gebißschenkels aber genau umgekehrt, also nahe des Gelenks, erhöht sich die einwirkende Hebelkraft erheblich. Ein so gebo-

Doppelt gebrochene Gebisse ohne Hebelwirkung

genes Gebiß muß mit noch größerem Feingefühl der Hand geführt werden.

Der dritte Punkt ist die Weite des Mundstücks selbst. Ein gebrochenes Gebiß sollte an jeder Seite etwa 0,5 bis 1,0 cm über die Maulspalte hinausragen. Ist es enger, zwicken die Gebißringe bei jeder Zügeleinwirkung die Lefzen ein. Ist es weiter, verlängert sich durch die Zügeleinwirkung der Hebelarm, es kommt zur sogenannten Nußknackerwirkung. Das bedeutet, daß sich das Gebiß bei angenommenem Zügel im Maul aufstellt und die Lefzen und Laden einklemmt. Im Extremfall drückt es sogar gegen den Gaumen.

Paßt also das Gebiß, ist nicht zu eng und nicht zu weit, und stimmt auch die Biegung des Mundstücks, muß noch darauf geachtet werden, daß es korrekt im Maul plaziert wird, also korrekt verpaßt wird. Dies bedeutet nichts anderes, als daß das Gebiß im Maul genau in dem Bereich liegen sollte, in dem die zahnlosen Laden sind. Äußerlich erkennt man dies in der Regel dadurch, daß die Enden der Gebißschenkel die Maulwinkel leicht anheben, so daß sich über den Maulwinkeln ein bis zwei leichte Falten bilden.

Besonders beachtet werden muß die Mundstücklage im Maul bei Hengsten und Wallachen wegen der im Alter von vier bis sechs Jahren erscheinenden Hakenzähne. Wird das Gebiß falsch verpaßt, liegt es zu tief und stößt bei Zügeleinwirkung an die darunterliegenden Hakenzähne. Dies ist außerordentlich schmerzhaft und führt mit Sicherheit dazu, daß das Gebiß vom Pferd nicht angenommen wird.

Doppelt gebrochene Gebisse ohne Hebelwirkung

Im Gegensatz zur Wassertrense haben diese Gebisse zwei Gelenke im Mundstück. Doppelt gebrochene Gebisse sind im Handel auch unter dem Oberbegriff **Ausbildungsgebisse** erhältlich.

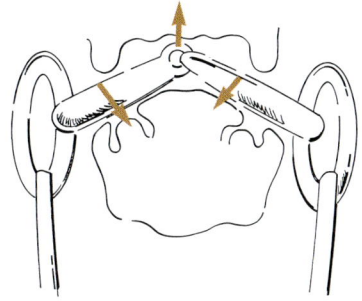

Die Pfeile zeigen die unterschiedlichen Druckpunkte einer gebrochenen Wassertrense (Laden, Zunge, Gaumen).

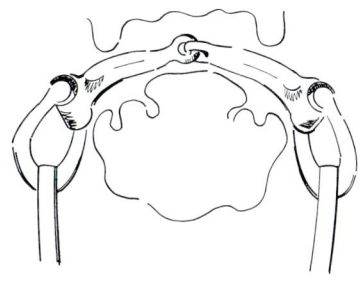

Eine anatomisch korrekt geformte Wassertrense mit gleichmäßiger Auflage im Pferdemaul.

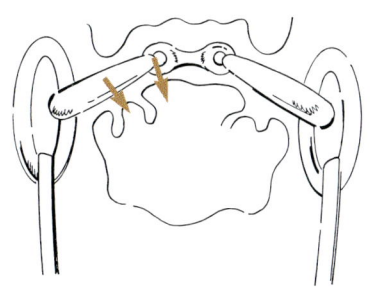

Ein doppelt gebrochenes Mundstück wirkt mit Druck auf Laden und Zunge ein. Der Gaumen wird nicht berührt.

Ein Blick in das Pferdemaul. Die Laden sind klar zu erkennen, hier muß das Gebiß liegen.

Gebisse

Bedingt durch diese zwei Gelenke liegt das Mundstück ruhig und gleichmäßig sowohl auf der Zunge wie auch auf den Laden des Pferdes auf und ist dadurch für das Pferd besonders angenehm zu tragen. Ein solches Gebiß wird von den meisten Pferden gern angenommen und ist eine durchaus brauchbare Alternative zur einfach gebrochenen Wassertrense. Hinzu kommt, daß auch bei angenommenem Zügel die Nußknackerwirkung der einfach gebrochenen Mundstücke vollständig eliminiert wird.

Die doppelt gebrochene Trense gibt es im Handel heute auch in unterschiedlichen Materialkombinationen zu kaufen. Die Gebißschenkel des Mundstücks sind aus Edelstahl, Argentan oder ähnlichem Material, das Mittelstück dagegen beispielsweise aus Kupfer. Wie schon im Kapitel Materialkunde erwähnt, erhöhen solche Materialkombinationen die Attraktivität eines Gebisses für das Pferd beträchtlich, so daß es besser abkaut und im Maul sensibler und weicher bleibt.

Zur Zügelführung bei einfach und doppelt gebrochenen Gebissen sei angemerkt, daß man ein solches Gebiß sowohl am losen als auch am anstehenden Zügel einsetzen kann. Wichtig ist auch, daß diese Gebisse zweihändig geritten werden können, ohne im Maul zu verkanten. Das bedeutet, daß diese Gebisse auch in der Ausbildung junger Pferde eingesetzt werden können, die zum Verständnis dessen, was der Reiter von ihnen möchte, noch seitwärts weisende Zügelimpulse, auch einseitige, benötigen. Damit bei solch einseitiger Einwirkung das Gebiß nicht durch das Maul gezogen wird, behilft man sich am besten mit einem einfachen **Sporenriemchen,** das wie ein Kinnriemen unterhalb des Mauls in die Gebißringe eingeschnallt wird. Dieser Riemen sollte locker in der Kinngrube verlaufen und verhindert zum einen das Durchziehen des Gebisses. Zum anderen erleichtert er dem Pferd das Verständnis für die einseitige Zügelhilfe, da zusätzlich zum Zug auf der einen Seite auf der anderen Seite ein entsprechender Druck einwirkt.

Gebrochene Gebisse mit Hebelwirkung

Im Mundstück gleichen diese Gebisse den einfach bzw. doppelt gebrochenen Gebissen. Allerdings sind sie seitlich nicht an Gebißringen befestigt, sondern enden in sogenannten **Anzügen** (Hebeln, Bäumen), so daß ihre Wirkung vollständig von den zuvor beschriebenen einfach oder doppelt gebrochenen Mundstücken abweicht. Typische Vertreter dieser Gebisse sind die im Westernreiten sehr geschätzten **Greg-Darnall Bits.** In der englischen Reitweise findet man diese Gebisse dagegen eher selten.

> Ein gebrochenes Gebiß mit Anzügen wird grundsätzlich nur in Kombination mit einem Kinnriemen verwendet, so daß der angenommene Zügel nicht nur über das Mundstück auf Zunge und Laden des Pferdes einwirkt, sondern zusätzliche Signale über Druck in der sensiblen Kinngrube gibt.

Weiterhin sollten man nicht vergessen, daß bei allen Gebissen und Zäumungen mit Anzügen die Hebelkraft dieser Anzüge eine erhebliche Verstärkung der Zügelhilfen bewirkt. Es muß daher davon ausgegangen werden, daß ein solches Gebiß nur in die sensible und fortgeschrittene Reiterhand gehört, die in der Lage ist, mit entsprechend fein dosierten Hilfen zu arbeiten. In der Hand eines Anfängers, der den zügelunabhängigen Sitz noch nicht beherrscht, ist ein solches Gebiß eine gefährliche Waffe gegen das empfindliche und sensible Pferdemaul, mit der jegliches Gefühl innerhalb kürzester Zeit abgetötet wird. Zusätzlich muß man bei solchen Gebissen immer darauf achten, daß sie am unteren Ende der Anzüge eine Distanzstange haben. Fehlt diese, können die Gebisse sehr leicht verkanten und so zu üblen Quetschungen im Pferdemaul führen.

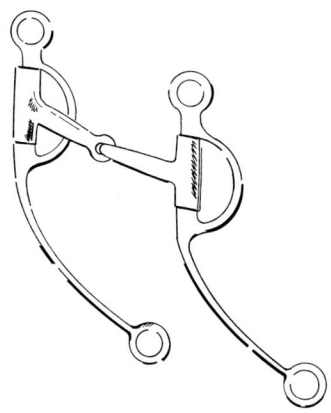

Ein gebrochenes Gebiß mit Anzügen ist in der Westernreitweise von heute und in anderen Arbeitsreitstilen häufig anzutreffen. Es wird aber auch dort als reines Ausbildungsgebiß eingestuft und stellt eine Zwischenstufe zwischen dem einfachen Trensengebiß oder Snaffle Bit und dem Kandarengebiß oder Curb Bit (in alten Westernreitlehren auch Briddle genannt) dar. In der Westernreitweise finden sich gebrochene Gebisse mit Anzügen auch unter dem Oberbegriff **Snaffle with Shanks.** Diese Version des Snaffle sollte nur am losen Zügel eingesetzt werden, wie es in den Arbeitsreitweisen üblich ist.

Verwendung gebrochener Gebisse

Gebrochene Gebisse gelten grundsätzlich als Ausbildungsgebisse, sowohl in der klassischen Reitlehre (z.B. Remontenausbildung des Militärs), wie auch im Freizeitreiten oder im Westernreiten. Die Wassertrense ist das Gebiß der „Anfänger", richtig verstanden allerdings das der Anfänger

unter den Pferden und nicht der Anfänger unter den Reitern. Sie gehört ebensowenig wie die in den folgenden Kapiteln beschriebenen Stangengebisse in die Hand unerfahrener Reiter, die sich womöglich noch am Zügel festhalten, weil sie noch keinen zügelunabhängigen Sitz erworben haben. Ein erfahrener Reiter dagegen kann mit diesen Gebissen dem unerfahrenen Pferd das Vertrauen zum Gebiß vermitteln, es dazu anleiten, dieses anzunehmen, an das Gebiß heranzutreten und die damit vermittelten Hilfen zu verstehen.

Das einfach oder doppelt gebrochene Gebiß ohne Anzüge verzeiht auch einmal einen Bewegungsfehler des Pferdes, einen Stolperer oder Rumpler, sofern er mit sensibler Reiterhand ausgeglichen wird. Dies ist besonders wichtig, wenn ein Jungpferd beim Anreiten bereits mit einem Gebiß vertraut gemacht wird. Speziell in dieser Ausbildungsphase kommt es nämlich häufiger zu solchen Rumplern, da das Pferd erst noch sein Gleichgewicht unter dem Reitergewicht finden muß. Wird in einer solchen Situation mit Gebiß gearbeitet und dieses nicht sensibel gehandhabt, verliert das junge Pferd unter Umständen sofort das Vertrauen in die Reiterhand, die ihm eigentlich sein Leben lang über den Zügel und das Gebiß signalisieren soll, was der Reiter von ihm möchte.

Bei der Arbeit mit gebrochenen Gebissen ist es empfehlenswert, mit möglichst

Linke Spalte: Western-Bit mit gebrochenem Mundstück – hier fehlt die Distanzstange.

Long Shank Snaffle Bit mit zusätzlichen Stabilisierungsstücken.

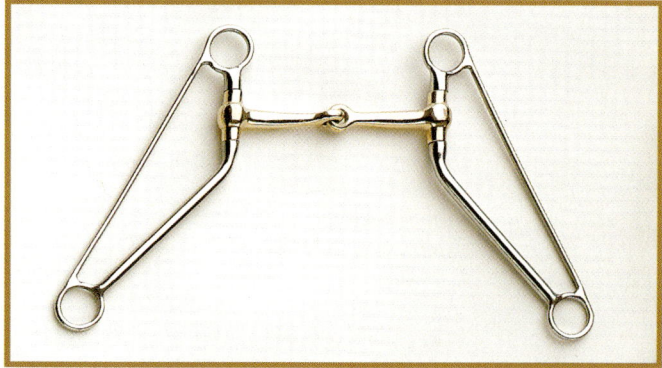

Gebisse

kurzen Impulsen (Westernreitweise) bzw. halben Paraden (klassische Reitweise) am Zügel zu arbeiten. Eine Unterstützung durch entsprechende, dem Pferd bereits bekannte, stimmliche Kommandos ist immer sinnvoll. So erhält man sich während der Ausbildung des Jungpferdes ein sensibles, weiches Pferdemaul und erspart dem Pferd schmerzhafte Erfahrungen mit dem Gebiß, die ihm schnell das Vertrauen in die Reiterhand rauben können. Mit einseitig eingesetzten, kurzen Zügelimpulsen und halben Paraden vermeidet man außerdem die gefürchtete Nußknackerwirkung der einfach gebrochenen Trensengebisse.

Sinnvoll ist die Verwendung gebrochener Gebisse immer in der Ausbildung junger Pferde und zur Gymnastizierung, ebenso wie beim Einsatz von Hilfszügeln, die auf das Gebiß einwirken. Auch in solchen Situationen, wo von vornherein klar ist, daß auf Kontakt geritten werden muß, ist der Einsatz eines gebrochenen Gebisses richtig. Auf Kontakt reiten heißt in diesem Fall, daß zur Sicherheit von Reiter und Pferd der Zügel voll angenommen werden muß, wenn beispielsweise ein junges Pferd bei Unverständnis noch zum Stürmen neigt. Hierfür ist bei der heute üblichen Schulung im Freizeitreiten nur ein gebrochenes Gebiß ohne Anzüge (Ausnahmen: z.B. Pelham im Jagdfeld) empfehlenswert.

Das Reiten mit angefaßter Stange, also Kandarenmundstück, und losgelassenem Trensenzügel – sofern dieser vorhanden ist – muß immer dem Könner vorbehalten bleiben.

Viele Freizeitpferde gehen ihr Leben lang mit gebrochenen Gebissen und sind glücklich und zufrieden dabei. Andere Pferde wiederum zeigen schon in ganz jungen Jahren deutlich ihre Abneigung gegen diese Gebisse. Eine solche Reaktion muß beachtet werden. Die Ursachen sollten auf alle Fälle herausgefunden und abgestellt werden, da man sich sonst unter Umständen ein „gebißsaures" Pferd heranzieht, das das Gebiß nicht mehr annimmt und somit die Verständigung über die Zügelhilfe ignoriert.

Allerdings muß eine solche ablehnende Reaktion nicht unbedingt bedeuten, daß das Gebiß dem Pferd Schmerzen zufügt. Ebenso gut ist es möglich, daß man es hier mit einem absoluten „Stangenpferd", also einem Pferd, das nur ein durchgehendes Mundstück möchte, zu tun hat. Ein solches Pferd ist unter Umständen schon zufrieden, wenn man die Wassertrense nur gegen eine einfache Gummistange oder ein Ledergebiß austauscht.

Macht ein Pferd bei Einsatz eines gebrochenen Gebisses einen zufriedenen Eindruck, so besteht zumindest für den Freizeitreiter kein Grund, ein anderes einzusetzen. Es kann aber auch passieren, daß ein Gebiß einfach langweilig wird. Dann probiert man einfach andere Gebisse aus. Dies heißt aber auf keinen Fall, daß unbedingt neue Gebisse auch schärfer sein müssen. Das schärfere Modell würde bei nicht ausreichender Ausbildung von Reiter oder Pferd nur dazu führen, daß das Pferd abstumpft und beginnt sich gegen das Gebiß zu wehren. Dies endet oft genug in einem Teufelskreis, der immer schärfere Gebisse nach sich zieht, bis das Pferd letztendlich vom Fachmann korrigiert werden muß oder verkauft wird.

> Grundsätzlich ist das gebrochene Gebiß in der Ausbildung des jungen Pferdes einsetzbar. Bei weiterführender Ausbildung wird dieses Gebiß dann zum Einsatz des Stangen- oder Kandarengebisses überleiten.

Die einzelnen Gebißvarianten

In diesem Abschnitt soll ein kurzer Überblick über die verschiedenen im Handel erhältlichen, gebrochenen Gebisse gegeben werden. Diese Übersicht erhebt jedoch keinen Anspruch auf Vollständig-

Die einzelnen Gebißvarianten

Eine korrekt verschnallte Wassertrense. Das Mundstück bildet zwei Falten an der Lefze.

Gebisse

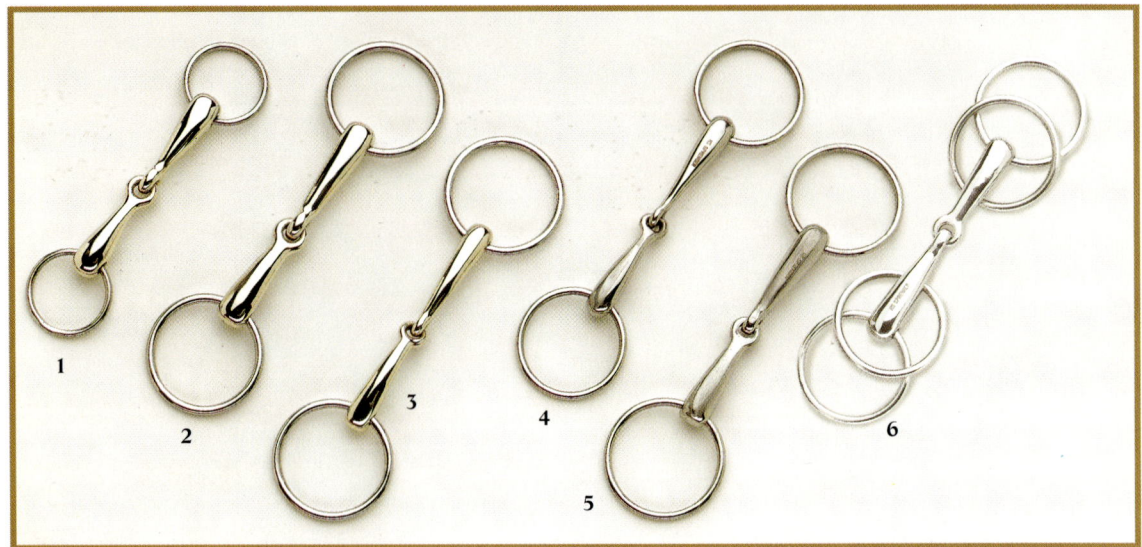

Verschiedene Wassertrensen.

1), 2) und 5) Wassertrense, massiv; 3) Wassertrense mit gebogenem Mundstück, massiv; 4) Wassertrense, hohlgegossen; 6) Wassertrense mit 4 Ringen, massiv.

Rechte Spalte: **Trammell Slip Ear Reining Snaffle Bit**, ein Snaffle Bit mit besonderer Ringführung.

keit und die Reihenfolge stellt auch keine Wertung dar.

Klassische Wassertrense, Snaffle Bit

Sie ist wohl in allen Reiterkreisen so bekannt, daß sie eigentlich keiner weiteren Erklärung bedarf. Oder etwa doch? Ein paar kurze Erläuterungen sind zumindest hier nicht fehl am Platz.

Selbst bei Markengebissen im Handel finden sich immer wieder solche mit zu weiten Löchern für die Gebißringe. Dies birgt die Gefahr, daß dem Pferd die Lefzen eingeklemmt und gequetscht werden. Hohle Mundstücke (in der Regel leider sehr leichte Gebisse) könnte der interessierte Laie für besonders pferdefreundlich halten. Dies ist nicht so! Je schwerer ein Gebiß ist, desto ruhiger liegt es im Maul, ist dem Pferd also angenehmer. Wenn Sie sich also für ein solches Gebiß interessieren, sollten Sie beim Kauf zum Vergleich immer ein Vollmetallmundstück in die Hand nehmen. Es ist auch schon passiert, daß hohle Mundstücke gebrochen sind bzw. regelrecht durchgebissen wurden. Hiervor ist man in der Regel sicher, wenn man sich für ein deutsches Markengebiß entscheidet – von preiswerten Importgebissen ist hier abzuraten.

Das **Snaffle Bit** ist die amerikanische Ausführung der klassischen Wassertrense. Die Gemeinsamkeiten mit der einfach gebrochenen Wassertrense sind offensichtlich. Es gibt jedoch auch einige Unterschiede.

Ein Snaffle Bit ist eigentlich nie aus nichtrostendem Material gearbeitet, sondern fast immer aus **Sweet Iron,** einem fein rostenden, schwarzen Eisenmaterial. Oft sind in dieses Eisen auch noch Kupferteile eingelegt, um dem Pferd das Mundstück noch interessanter zu machen. Die Gebißringe sind etwa doppelt so groß wie bei der herkömmlichen Wassertrense. Dadurch wird ein Durchziehen des Gebisses durchs Pferdemaul wirkungsvoll verhindert, obwohl der Westernreiter die Zügelhilfen am Snaffle eigentlich immer als kurzen, einseitigen Impuls gibt. Das Snaffle hat normalerweise ein extrem dünnes Mundstück, das sehr punktuell wirkt. Daher ist das A und O der Arbeit mit dem Snaffle das **Loslassen** – ansonsten fügt ein solch dünnes Mundstück dem Pferd Schmerzen zu. Der Vorteil liegt aber eindeutig in der Klarheit der Hilfen, die dem Pferd besser verständlich sind.

Olivenkopftrense, Eggbutt Snaffle Bit

Die Besonderheit der Olivenkopftrense liegt in der Befestigung des Mundstücks an den Gebißringen. Das Mundstück endet in zwei quer verlaufenden Hülsen, die die Gebißringe führen. Hierdurch entfällt die Gefahr, daß das Pferd sich die Lefzen in der Lochung des Mundstücks einklemmt.

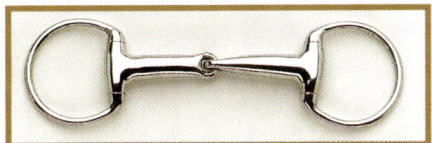

Bei diesem Gebiß gibt es keine Unterschiede zwischen der klassischen und der Westernausführung, da das **Eggbutt Snaffle** auch in Amerika nur in der klassischen Reitweise Verwendung findet.

Kupfer-D-Trense, D-Snaffle, Rollentrense, Stainless Roller Bit

Der Hauptunterschied zwischen diesen D-Trensen und der Wassertrense liegt, wie der Name schon sagt, in den **D-förmigen Gebißringen**, die einen recht guten Schutz gegen das Durchziehen des Gebisses durch das Pferdemaul bei einseitigen Zügelhilfen bieten. Bei der **Kupfer-D-Trense** sind in die Gebißschenkel bewegliche Kupferrollen eingearbeitet, bei der Rollentrense sind diese Röllchen aus dem gleichen Material wie das Gebiß. Beide Varianten sollen das Pferd dazu anregen, eifriger mit dem Gebiß zu spielen und so die Kautätigkeit aktivieren. Besonders die Kupfer-D-Trense muß regelmäßig überprüft werden, da Kupfer aufgrund seiner Weichheit zu hohem Verschleiß neigt. Das Pferd kann sich also bei älteren, gut gebrauchten Gebissen die Zunge an den Rollen verletzen.

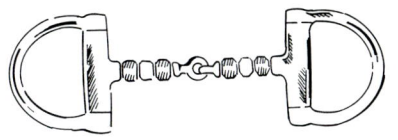

Rollentrense aus unterschiedlichen Materialien.

Die Entsprechungen auf dem amerikanischen Markt unterscheiden sich von den europäischen Gebissen in allererster Linie durch die Materialien, die verwendet werden. Alle **D-Snaffles** enthalten in irgendeiner Art und Weise Kombinationen verschiedener Materialien, um die Maultätigkeit anzuregen. Oft wechseln hier auch Stahl- mit Kupferrollen auf dem gleichen Gebißschenkel. Das **Stainless Roller Bit** ist kein Gebiß der Westernreitweise. Es wird auf dem amerikanischen Markt baugleich wie in Europa angeboten, und zwar für die klassische Reitweise.

Linke Spalte: Olivenkopftrense, massiv.

Dr. Bristol Gebiß, 3 Piece Snaffle

Durch die Besonderheit dieses Gebisses, nämlich das zweifach gebrochene Mundstück, wird eine anatomisch korrekte Lage im Pferdemaul erreicht. Das Gebiß liegt somit korrekt auf der Zungenwölbung und zeigt bei Zügeleinwirkung nicht die gefürchtete Nußknackerwirkung der einfach gebrochenen Wassertrense. Die empfindlichen Zungenränder und Laden werden geschont.

Gebisse

> Das doppelt gebrochene Gebiß wird im Gegensatz zum einfach gebrochenen von den meisten Pferden sehr gerne angenommen und in der Ausbildung oft im Anschluß an die einfach gebrochene Wassertrense eingesetzt.

Sowohl Dr. Bristol- als auch 3 Piece Snaffle sind doppelt gebrochen. Das Mundstück besteht also aus drei Teilen. Die **Dr. Bristol Trense** besteht meist aus Argentan oder Edelstahl, mit zwei gerundeten Schenkeln und einer flachen Platte dazwischen. Das Mundstück des **3 Piece Snaffle** besteht aus gebläuten Stahlschenkeln, zwischen denen ein Mittelteil aus Kupferrollen eingearbeitet ist. Das 3 Piece Snaffle ist zusätzlich mit seitlichen Anzügen ausgestattet, die über ein drehbares Gelenk mit dem Mundstück verbunden sind. Leider fehlt auch dem 3 Piece Snaffle die **Distanzstange,** die vermeidet, daß das Mundstück bei unsachgemäßer Zügeleinwirkung im Maul verkantet. Das Gebiß ist daher mit Vorsicht und nur von entsprechend ausgebildeten Reitern zu verwenden, um Schmerzen im Maul zu vermeiden.

KK-Conrad-Ausbildungsgebiß

Bei diesem von der Fa. Hermann Sprenger patentierten Gebiß handelt es sich um eine verbesserte, im Prinzip aber baugleiche Variante des **Dr. Bristol Gebisses.** Auch hier wird durch das doppelt gebrochene Mundstück eine anatomisch korrekte Lage im Pferdemaul sichergestellt.

Die eindeutige Verbesserung gegenüber dem Dr. Bristol Gebiß liegt in der Form des Mundstück-Mittelteiles. Das KK-Gebiß hat hier keine flache Platte, die sich bei starkem Druck aufstellen und mit der Kante auf die Zunge wirken kann, sondern ein abgerundetes, olivenförmiges Mittelteil, das für das Pferd angenehmer ist.

Doppeltrense, Tom-Thumb Bit, Twisted Snaffle

Der Name ist treffend – es handelt sich um eine doppelte Wassertrense mit **zwei recht dünnen Mundstücken.** Ihre Besonderheit liegt in der Asymmetrie der Gebißschenkel. Jeweils ein langer und ein kurzer Schenkel treffen sich in seitlich versetzten Gelenken, die rechts und links der Zungenmitte aufliegen. Die Nußknackerwirkung, die gebrochenen Mundstücken grundsätzlich unterstellt wird, ist so zum größten Teil aufgehoben. Allerdings wirkt dieses Gebiß verstärkt auf die Laden, muß also mit besonders feiner Hand geführt werden.

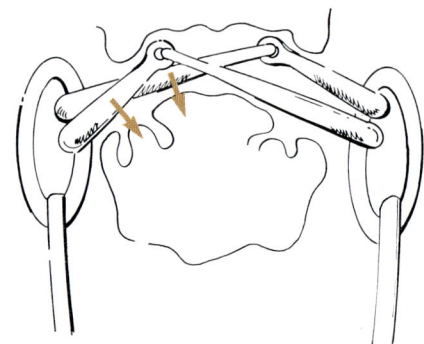

Die Mundstücke der Westerngebisse sind baugleich. Die Unterschiede liegen auch hier wieder in Material und Ausführung, denn sowohl Tom-Thumb Bit wie auch Twisted Snaffle bestehen aus dickem, gedrehtem **Kupferdraht.** Die unregelmäßige Oberfläche und das Material selbst regen die Kautätigkeit an und fördern den Speichelfluß. In der Form der Gebißringe

Rechte Spalte: Bei der Doppeltrense entsteht Druck auf die Zunge und verstärkt auf die Laden.

KK-Conrad Ausbildungsgebiß aus Aurigan.

Gebrochenes Pelham, Snaffle Bit with Shanks

entspricht das Twisted Snaffle genau der klassischen Trense, das Tom-Thumb Bit dagegen ist mit seitlichen Anzügen (Hebelwirkung) ausgestattet, leider fehlt aber auch hier die Distanzstange – also Vorsicht.

Greg-Darnall Bit

Dieses Gebiß gehört eigentlich in die Kategorie der „Braced Snaffle Bits" und hat in der klassischen Reitweise keine Entsprechung. In Deutschland ist es bekannt geworden unter der Bezeichnung Greg-Darnall Bit. Es handelt sich um eine einmal gebrochene Wassertrense mit seitlichen Anzügen, die wie alle Western Snaffles ein recht dünnes Mundstück von 0,5 bis 0,75 cm Durchmesser aufweist. Es endet in einer zum Gebiß im rechten Winkel stehenden Hülse, durch die der seitliche Anzug läuft. Die Anzüge wiederum weisen zwei unterschiedliche Möglichkeiten zum Einschnallen der Zügel auf:
- In einem recht großen Gebißring direkt am Mundstück – also mit Wirkung eines normalen Snaffle Bit.
- Am unteren Ende des Anzugs mit auf den Unterkiefer einwirkender Hebelwirkung.

Korrekt eingesetzt wird das Greg-Darnall Bit mit vier Zügeln geritten. Der logische Gedanke ist hier, das Pferd über die ihm bereits bekannte Snafflewirkung (oberer Zügel) zu reiten und die Impulse ganz langsam immer mehr mit denen des Stangenzügels (unterer Zügel) zu kombinieren. Das Pferd beginnt so, ohne Verständnisprobleme, bereits Erlerntes mit Neuem in Verbindung zu bringen und auch umzusetzen

Hergestellt wird das Greg-Darnall in der Regel aus **Eisen**, wobei die Seitenteile meist aus einfachem Eisen, das Mundstück aber aus **Sweet Iron** gefertigt ist. Auch Kupfereinlagen im Mundstück zur Förderung des Speichelflusses bzw. der Maultätigkeit sind möglich.

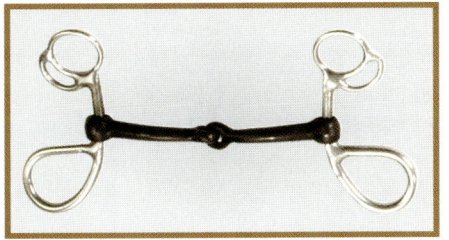

Colt Bit with Loose Shanks: kann als Übergang zu Westerngebissen mit Anzügen eingesetzt werden.

Braced Snaffle Bit

Diese gebrochenen Gebisse mit Anzügen, auch bekannt unter dem Namen **Braced Cheek Bit** haben ebenfalls ein normales Snafflemundstück. Die nach hinten gebogene Anzüge sind zwischen der oberen (Kopfstück-)Öse mit der unteren (Zügel-)Öse durch Stabilisierungsstücke verbunden. Für Einsatz und Material gelten die beim Greg-Darnall Bit gemachten Ausführungen sinngemäß. Allerdings gibt es bei diesen Gebissen keine Möglichkeit, einen direkten Gebißzügel einzuschnallen, daher wird das Gebiß grundsätzlich mit zwei Zügeln geritten. Außerdem sollte das Pferd bereits gelernt haben, am losen Zügel zu gehen.

Gebrochenes Pelham, Snaffle Bit with Shanks, Cloverleaf Bit

Das Pelham ist wohl eines der am weitesten verbreiteten Gebisse mit Anzügen, hier aber mit gebrochenem Mundstück. Es kommt ursprünglich aus England, wo mit diesem Gebiß versucht wurde, die Wirkung einer Wassertrense mit der Wirkung der Kandare, also der zusätzlichen Hebelwirkung über die seitlichen Anzüge und die Kinnkette, zu kombinieren.

Die Anzüge weisen zwei Möglichkeiten zum Einschnallen der Zügel auf, zum ersten in Höhe des Mundstücks (Wassertrensenwirkung) und zum zweiten am unteren Ende der Anzüge (Hebelwirkung). Will man das gebrochene Pelham allerdings mit korrekter Wirkung reiten,

Gebisse

so sollte man stets vier Zügel benutzen oder einen sogenannten **Pelhamriemen** verwenden. Dieser verbindet das obere mit dem unteren Ende des Anzuges und verteilt so die Wirkung des Zügels entsprechend auf das Gebiß. Eine Distanzstange kann beim gebrochenen Pelham leider nicht zur Anwendung kommen, da die Anzüge zu kurz sind.

Anzüge an Pelham oder Kandare dürfen laut LPO maximal 7 cm lang sein. Mißt man einmal am Pferdemaul nach, so wird man feststellen, daß die erlaubte Länge eine Distanzstange nicht zuläßt. Der Handel bietet zwar auch Pelhamgebisse mit Anzuglängen von 10,5 bzw. 14 cm Länge an (nach LPO nicht zugelassen), aber selbst diese Anzuglängen bieten nicht die Sicherheit, daß ein solches Gebiß mit einer Distanzstange versehen werden kann. Sinnvoller als die Verwendung eines gebrochenen Pelhams ist also sicher die Pelham-Kandare (siehe S. 44). Pelhamgebisse werden nur im klassischen Sektor eingesetzt und finden in der Westernreitweise keine Verwendung.

Gebrochene Springkandare, Jointed Kimblewick Bit

Die gebrochene Springkandare ist eine andere Form der D-Trense, bei der das Mundstück nicht in der Mitte der D-Ringe verankert ist, sondern im obersten Viertel, so daß der D-Ring wie ein kurzer Anzug wirkt. Hinzu kommt, daß die Springkandare mit **Kinnkette** geritten wird und damit die entsprechende Hebelwirkung auf den Unterkiefer hat. Sie gewährleistet auch bei hoher Aufrichtung des Pferdes und tiefer Zügelhand korrekte Wirkung durch die Anzüge.

Auch hier sind die amerikanische und die europäische Ausführung im Prinzip baugleich, allerdings weist das **Jointed Kimblewick** in der Regel zwei Möglichkeiten auf, die Zügel einzuschnallen, so daß das Gebiß auch mit ganz leichter Hebelwirkung geritten werden kann.

Isländer Kandare

Mancher wird sich jetzt vielleicht wundern, die Isländer Kandare im Kapitel „Gebrochene Gebisse" zu finden. Dies hat aber seine Richtigkeit, da es sich bei der Isländer Kandare um ein Gebiß mit grundsätzlich gebrochenem Mundstück handelt, wenn auch der Aufbau dem einer Kandare sehr ähnlich ist. Es fehlt ihr jedoch die Unterlegtrense. Diese Kandare hat ein relativ dickes, gebrochenes Trensenmundstück. Die seitlichen Anzüge sind über ein Gelenk, also beweglich, mit dem Mundstück verbunden. Die Anzüge selbst sind leicht nach hinten gebogen und weisen ein Längenverhältnis von 3,5 (Unterbaum) zu 1 (Oberbaum) auf. Die Hebelwirkung dieses Gebisses ist als **scharf** einzustufen. Auch diesem Gebiß fehlt, genau wie dem gebrochenen Pelham, die Distanzstange, die das Verkanten bei unsachgemäßer Zügelführung vermeidet.

> Die Isländer Kandare ist ein Spezialgebiß, das eigentlich nur beim Reiten von Island-Gangpferden verwendet werden sollte. Dem Freizeitreiter ist vom Einsatz dieses Gebisses abzuraten, solange die fachkundige Anleitung fehlt.

Korrektur- und Spezialgebisse

Abgesehen von den bisher beschriebenen Gebissen hält der Reitsporthandel noch unzählige gebrochene Korrektur- und Spezialgebisse bereit. Vorab sollte man allerdings darüber nachdenken, daß alle diese Gebisse immer nur nachgeschaltete Problemlösungen darstellen. Richtig und besser ist es, das Pferd von vornherein korrekt an das Hilfsmittel Gebiß heranzuführen und auszubilden, so daß man im nachhinein nichts korrigieren muß.

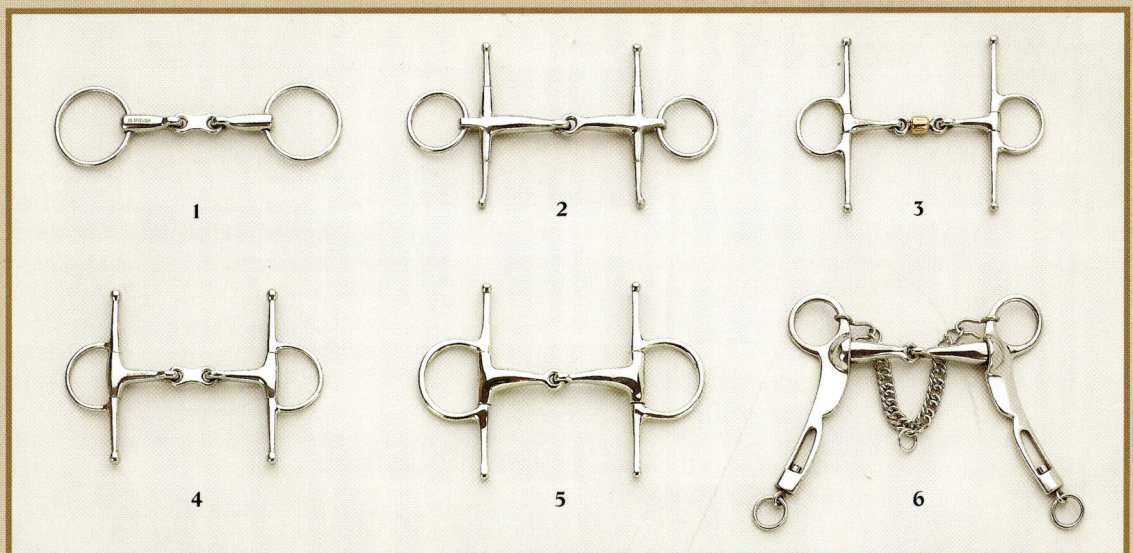

Verschiedene Spezialgebisse. 1) Dr. Bristol Trense, massiv; 2) Knebeltrense, massiv; 3) Knebeltrense mit Kupferrolle; 4) Knebeltrense Dr. Bristol, massiv; 5) Knebeltrense (Olivenkopf), massiv; 6) Isländer Kandare.

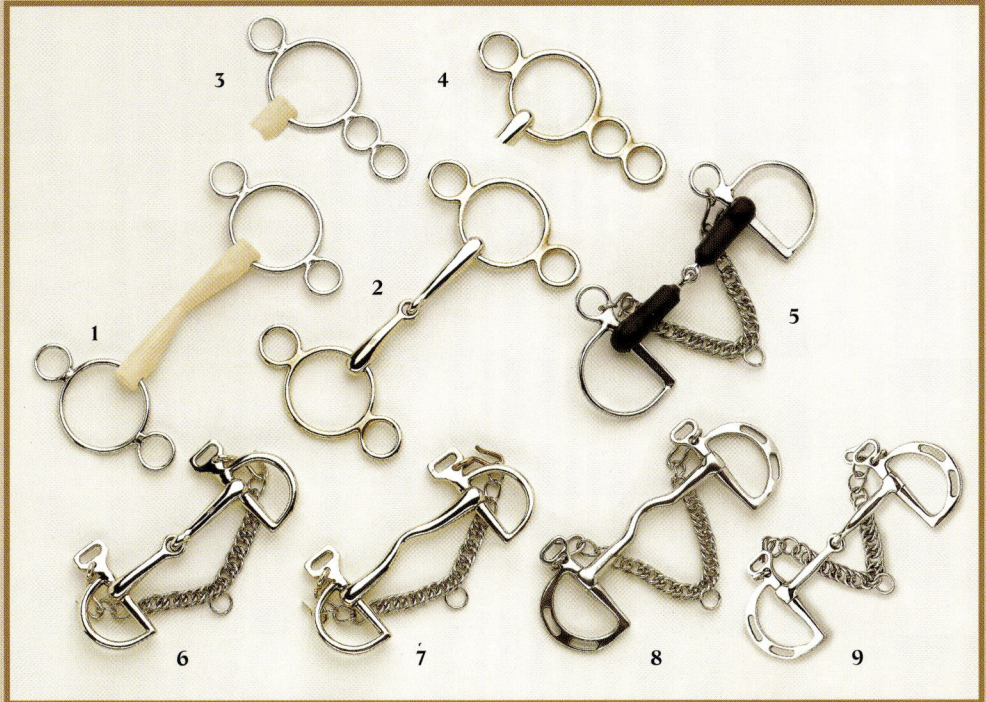

Springkandaren. 1) bis 4) Springkandare Wien; 3) und 4) Seitenteil mit 2 Ringen unten; 5) Springkandare, gebrochen mit Gummimundstück; 6) Springkandare, gebrochen mit beweglichen Seitenteilen; 7) Springkandare, Modell „Tiedemann"; 8) Springkandare; 9) Springkandare, gebrochen, mit unterschiedlichen Verschnallungsmöglichkeiten für die Zügel.

Gebisse

Trensengebiß mit Spielern

Diesem Gebiß liegt die einfache Wassertrense zugrunde, Aufbau und Wirkung können der klassischen Wassertrense ziemlich gleichgesetzt werden. Die Besonderheit des Spielergebisses besteht darin, daß am Gelenk des Mundstücks ansetzend einige Metallstäbchen von etwa 1,5 bis 2 cm Länge und 0,3 bis 0,5 cm Dicke angearbeitet sind, die auf der Zunge liegen und das Pferd zum Spielen mit diesem Gebiß anregen sollen. Mit diesem Gebiß soll ein „totes" Maul korrigiert werden. Eingesetzt wird es aber nur bei Pferden, die nicht zum Sperren neigen, da andernfalls eine gewisse Verletzungsgefahr nicht auszuschließen ist.

Auf dem Westernsektor hat dieses Gebiß keine Entsprechung, was sich unter anderem dadurch begründet, daß der Westernreiter bei Pferden mit wenig aktivem Maul zu Sensibilisierung und Aktivierung eher auf unterschiedliche Materialkombinationen setzt als auf zusätzliche Gebißteile und Anhängsel.

> Grundsätzlich sollte sich jeder Reiter auch vor Einsatz eines solchen Gebisses Gedanken machen, ob es nicht sinnvoller ist, das Pferd eine Weile gebißlos zu arbeiten und ihm so die notwendige Erholung im Maul zu geben, die es wieder sensibilisiert. Nach einer ausreichend langen Pause wird jedes Pferd bei richtiger Art des Heranführens wieder bereit sein, ein „normales" Gebiß anzunehmen.

Zungenstreckertrense

Die Zungenstreckertrense, auch **Löffeltrense** genannt, ist ein echte Korrekturgebiß nach klassischem Verständnis. Diese Gebisse wurden immer für einen bestimmten Anwendungszweck entwickelt, dort gehören sie auch hin und nirgends sonst.

Bei diesem Gebiß ist in ein normales Wassertrensengebiß in Gelenkshöhe der Zungenstrecker in Form einer Acht oder eines an den kurzen Seiten abgerundeten Rechtecks integriert. Dieser Löffel soll verhindern, daß das Pferd die Zunge über das Gebiß zieht, um so jegliche Gebißeinwirkung auszuschalten. Solche Löffel gibt es aus Metall (Verletzungsgefahr), die dann fest in das Gebiß integriert sind, und aus Kunststoff. Kunststofflöffel sind in der Regel nachrüstbar und können bei Bedarf in das Gebiß integriert werden.

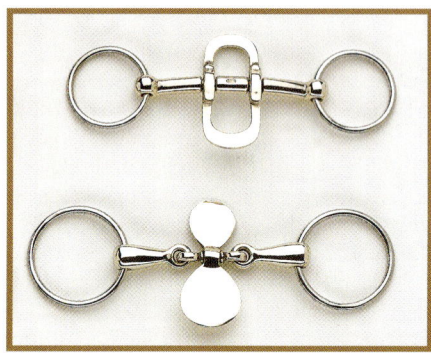

Rechte Spalte: Zwei verschiedene Zungenstreckertrensen.

Als Einsatzgebiet sind hier sicherlich die sogenannten chronischen Zungenstrecker anzusehen, das heißt Pferde, die sich als Gegenwehr gegen eine unangenehme Reiterhand oder ein unangenehmes Gebiß angewöhnt haben, die Zunge über das Mundstück zu ziehen. Möglicherweise lassen diese Pferde die Zunge auch seitlich aus dem Maul heraushängen.

> Wenn ein Pferd allerdings gerade erst damit beginnt, die Zunge über das Gebiß zu nehmen, sollte man, bevor zur Zungenstreckertrense gegriffen wird, erst einmal überlegen, warum das Pferd versucht, sich der Einwirkung des Gebisses zu entziehen. Das Abstellen der Ursachen ist hier sicherlich der bessere Weg als der unüberlegte Griff zur Korrekturtrense.

Eine solche Angewohnheit weist beim Pferd immer darauf hin, daß es hier Probleme gibt – und zwar entweder mit der Zügelhand oder anatomische Probleme, z.B. mit den Zähnen. Hat man Letzteres ausgeschlossen, ist sicherlich ein vorübergehender Wechsel auf eine gebißlose Zäumung (Lindel, Merothisches Reithalfter) beziehungsweise ein anderes Gebiß die sinnvollere Alternative, damit das Pferd wieder Zutrauen zur Reiterhand entwickeln kann.

Auch für die Zungenstreckertrense gibt es auf dem Westernsektor keine Entsprechung. Manche bezeichnen zwar das **Spade Bit** als ein Zungenstreckergebiß, dies ist aber ein Irrtum. Dieses Gebiß wird von den Könnern unter den Westernreitern eingesetzt. Man korrigiert damit nicht etwa Pferde mit Zungenfehlern, sondern benutzt es bei bis zur Vollendung ausgebildeten Pferden (vergleichbar mit der Dressurklasse S), die die leichten Signale des Spade am Gaumen als Verständigung nehmen und verstehen. Ein Westernreiter wird bei einem zungenstreckenden Pferd niemals zum Spade Bit greifen, im Gegenteil. Er macht in der Ausbildung mehrere Schritte zurück, da er das Zungenstrecken richtig interpretiert, nämlich als Gegenwehr gegen das verwendete Gebiß und die zugehörige Zügelführung. Die Philosophie des Arbeitsreitens, die das Pferd als lebenswichtigen Partner erachtet, geht davon aus, daß das Zungenstrecken Gründe haben muß, die es herauszufinden und abzustellen gilt.

Sprenger-Nopp-Gebiß

Das Nopp-Gebiß ist eine patentrechtlich geschützte Entwicklung des Hauses Sprenger. Es handelt sich eigentlich um eine einfache Wassertrense mit einem Mundstück aus massivem **Argentan,** das also das wünschenswert hohe Gebißgewicht mitbringt. In dieses Mundstück sind **Kupferteilchen** eingelegt. Man findet hier also die die Maultätigkeit anregenden Materialkombinationen der Westerngebisse wieder. Zusätzlich fördert auch die leicht unebene Gebißoberfläche das Kauen, ganz allgemein wird dadurch das Gebiß leichter angenommen. Das Nopp-Gebiß eignet sich sicherlich gut zur Re-Sensibilisierung, wie auch in Korrekturphasen, in denen ein gebrochenes Gebiß eingesetzt werden kann oder muß.

Flötentrense

Dies ist ein sehr ausgefallenes Gebiß. Ihrer Form nach ist sie eine Wassertrense mit allen Vor- und Nachteilen. Das Mundstück selbst sollte aus Argentan sein – und ist immer hohl. Die Wand des Mundstücks ist gelocht, so oft, daß die Wandstabilität gerade noch gewahrt bleibt.

Dieses Gebiß wurde speziell für Freikopper entwickelt. Nach Aussage der Hersteller nimmt es dem Freikopper die Möglichkeit, Luft abzuschlucken.

Als Nachteil ist sicherlich das geringe Gewicht eines solchen Gebisses anzusehen, da es hierdurch viel von der Ruhe und Stabilität verliert, die es im Maul aufweisen sollte. Genau deshalb sollte man auch keinesfalls zu einer Flötentrense aus Edelstahl oder vernickeltem Eisen greifen, da diese Materialien vom spezifischen Gewicht her niedriger liegen als Argentan. Weiterhin ist darauf zu achten, daß die Löcher sauber ausgeführt sind, es dürfen keine Grate an den Rändern vorhanden sein, an denen das Pferd sich verletzen könnte. Als Einsatzgebiet für die Flötentrense wird vom Handel das freikoppende Pferd genannt, allerdings darf man hier nach dem Sinn fragen, denn hat man ein Pferd schon mal beim Reiten koppen gesehen?

Knebeltrense, Full Cheek Snaffle Bit

Die Knebel- oder **Schenkeltrense** ist ein Wassertrensengebiß mit einer etwas martialischen Optik. An den Gebißringen

Gebisse

sind beidseitig die sogenannten Knebel eingearbeitet, gerade Metallstücke von ca. 5 bis 8 cm Länge. Das Martialische dieses Gebisses liegt allerdings wirklich nur in der Optik, da die seitlichen Knebel sehr sinnvoll sind und nicht im geringsten dazu gedacht, das Pferd zu „knebeln". Diese Entwicklung kommt ursprünglich aus dem Fahrsport, wo Knebeltrensen schon seit langer Zeit Verwendung finden und sich bewährt haben.

Der seitliche Knebel verhindert ein Durchziehen des Gebisses durchs Pferdemaul bei einseitig wirkender Zügel- oder Leinenhilfe. Zusätzlich wird gleichzeitig auf der Gegenseite Druck ausgeübt, der das Pferd dazu veranlaßt, der Hilfe nachzugeben und in die gewünschte Richtung zu wenden. Korrekt eingesetzt werden diese Knebel in an den Backenstücken angenähten Lederösen fixiert.

Knebeltrensen werden vor allem bei Pferden eingesetzt, die sich gerne richtungsweisenden bzw. biegenden oder stellenden Zügelhilfen entziehen. Ein weiteres Einsatzgebiet ist, wie schon erwähnt, der Fahrsport, der mit etwas gröberen Gebißhilfen arbeitet. Hier hilft die Knebeltrense Pferd und Fahrer sich zu verständigen, ohne sich gegenseitig weh zu tun. Die amerikanische Ausführung der Knebeltrense ist baugleich, wird aber zusätzlich noch mit Olivenkopf-Ausstattung angeboten und geht dann mit den Lefzen des Pferdes ganz besonders sanft um.

Renntrense, Racing Bit, Racing-D Bit

Renntrensengebisse sind auf dem Markt in zwei Ausführungen erhältlich, und zwar mit massivem oder hohlem Mundstück. Die massive **Renntrense** entspricht in Optik, Material und Ausführung der klassischen Wassertrense mit D-Ringen und ist wie diese einzusetzen und zu bewerten. Eine Sonderform der europäischen Renntrense hat zusätzlich in den Gebißringen zwei Einschnallöffnungen für einen Kinnriemen.

Die europäische Renntrense ist gleich gebaut wie die amerikanische **Racing-D**. Jedoch wird dem Temperament und der Nervosität des Rennpferdes bei der amerikanischen Version insofern Rechnung getragen, als auf das Gelenk des Mundstücks zumeist eine große Kupferrolle aufgearbeitet ist, mit deren Hilfe das Pferd spielerisch Spannungen abbauen kann.

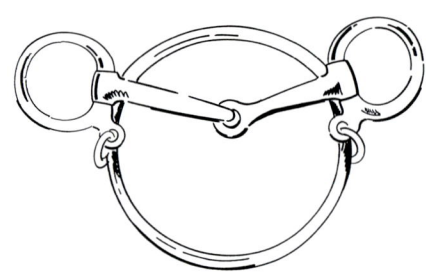

Beim amerikanischen **Racing Bit** ist ein normales Wassertrensen-Mundstück mit einem Metallring verbunden. Dieser Ring liegt mit dem oberen Drittel auf der Zunge auf. Nimmt man bei einem solchen Renngebiß straff die Zügel an, so wirkt dieser Ring durch verstärkten Druck auf die Zunge, während er gleichzeitig verhindert, daß das gebrochene Mundstück zu stark zusammenklappt und so das Maul einklemmt.

Aufziehtrense, Gag Snaffle Bit

Dieses Gebiß stellt eine wirkliche Besonderheit dar. Die Aufziehtrense ist das einzige Gebiß, das seinen Hilfszügel schon mitbringt. Die europäische Ausführung besteht aus einer ganz normalen Wassertrense mit runden Ringen, durch die die rundgenähten Backenriemen laufen. Diese sind oben in das Genickstück eingeschnallt und unten mit den Zügeln verbunden.

Es handelt sich hier um eine reine Korrekturzäumung, die keinesfalls für Freizeitreiter oder Laien zu empfehlen ist.

Rechte Spalte: Die amerikanische Variante der Renntrense.

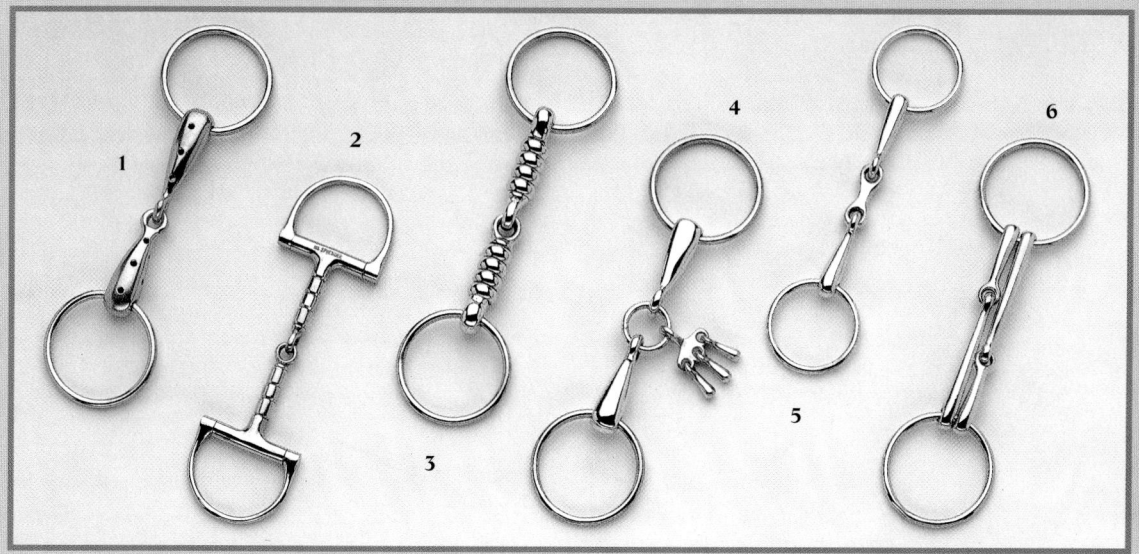

1) Flötentrense für Luftkopper, 2) Kupfer-Rollengebiß, 3) Rollentrense, 4) Trense mit Spieler 5) Dr. Bristol Unterlegtrense, 6) Doppeltrense.

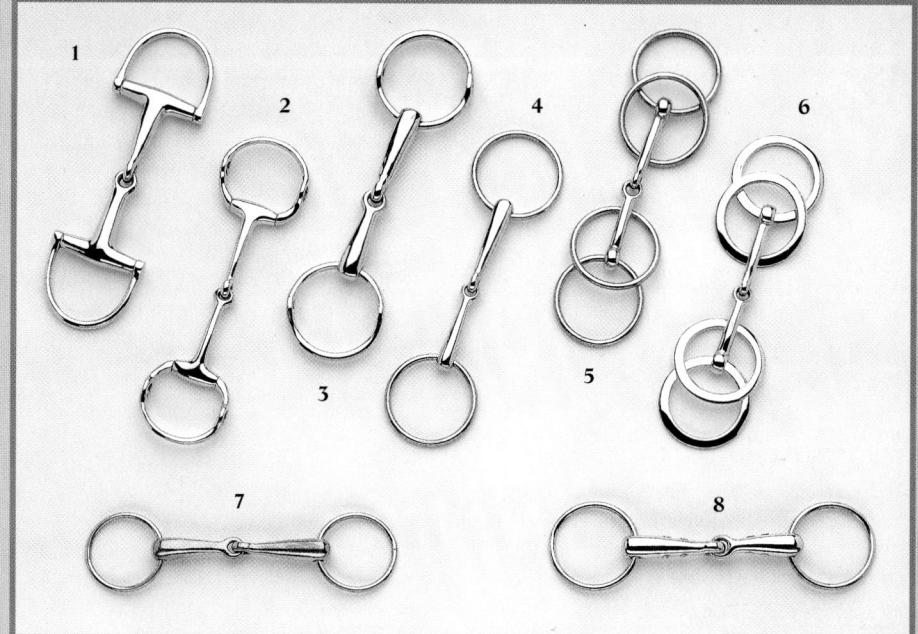

Oben und links: Verschiedene Spezialgebisse.

1) Renntrense, hohl gegossen; 2) und 3) Aufziehtrensen, massiv; 4) Sprenger IQ-Gebiß, massiv; 5) und 6) Fahrtrensen mit 4 Ringen; 7) Kupfer-Wassertrense (dick), massiv; 8) Sprenger-Nopp-Gebiß.

Gebisse

Trotzdem soll die Funktion dieses Gebisses etwas ausführlicher beschrieben werden. Nimmt der Reiter mit Aufziehtrense die Zügel an, so wirkt dieses Gebiß auf zweierlei Art. Zum einen wird die Maulspalte hochgezogen (für die Wirkung einer Wassertrense unkorrekt), außerdem wird ein chambonähnlicher Druck auf das Genick ausgeübt, genau dort, wo das Pferd ausgedehnte Nervenfelder hat. Das heißt, dieses Gebiß ist nur dann angenehm für das Pferd, wenn es den Kopf in korrekter Beizäumungshaltung trägt. Versucht es dagegen, den Kopf zu heben oder den Hals zu dehnen, und gibt die Reiterhand nicht parallel nach, straft sich das Pferd durch volle Gebißeinwirkung für seine Bewegung. Leider ist aber die Stärke dieser Strafe nicht wie beim **Chambon** vom Pferd selbst abhängig, sondern in allererster Linie von der Reiterhand.

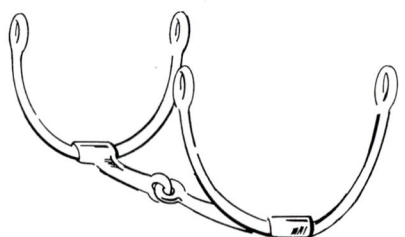

Das Gag Snaffle, die amerikanische Variante der Aufziehtrense.

Die amerikanische unterscheidet sich von der europäischen Aufziehtrense einmal durch das Material. Das Mundstück des **Gag Snaffle** ist fast immer aus Kupfer. Außerdem hat es anders geformte Gebißringe. Es handelt sich hier um ein U-förmiges Seitenteil, das über ein Röhrengelenk mit dem Mundstück verbunden ist. Das Funktionsprinzip des Gag Snaffle ist aber grundsätzlich dem der Aufziehtrense gleichzusetzen – für beide gilt also, Hände weg davon, wenn man dem Pferd nicht übermäßig weh tun will.

Selbst Profitrainer setzen bei entsprechenden Pferden eher ein Chambon ein und vermeiden den Einsatz der Aufziehtrense.

Stangengebisse und Kandaren

Das vorliegende Buch weicht etwas von der traditionellen Einteilung der verschiedenen Gebißtypen ab. Dem herkömmlichen Verständnis nach gehören nämlich Stangengebisse ohne Anzüge zu den Trensengebissen. Da diese ungebrochenen Gebisse aber grundsätzlich anders wirken als gebrochene und auch Pferde hier eine deutliche Unterscheidung machen, werden sie zusammen mit den Kandaren behandelt. Im folgenden werden Aufbau und Wirkung aller ungebrochenen Gebisse beschrieben, wobei wieder die grundsätzliche Unterscheidung zwischen Mundstücken ohne und mit seitlichen Anzügen gemacht wird.

Stangengebisse ohne Hebelwirkung

Allen Stangengebissen ohne Hebelwirkung ist unabhängig von Form oder Material der Grundaufbau und so auch die Wirkung im Pferdemaul gemein. Das heißt, daß jede Zügeleinwirkung direkt auf Zunge, Laden und Lefzen des Pferdes übertragen wird. Im Gegensatz zu den gebrochenen Trensengebissen bleibt der Gaumen des Pferdes bei Stangengebissen normalerweise von einer Einwirkung verschont. Grundsätzlich gilt wie bei gebrochenen Gebissen auch hier der Lehrsatz von Kraft × Fläche.

> Je dünner das Mundstück, desto schärfer, weil punktueller, ist die Wirkung.

Allerdings kommt bei Stangengebissen mit oder ohne Hebelwirkung gleichermaßen ein zweiter Faktor dazu, der die Wirkung des Mundstückes deutlich mitbestimmt, und zwar Form und Größe der **Zungenfreiheit**. Gerade Stangen haben wie der Name schon sagt keine Zungenfreiheit.

Stangengebisse ohne Hebelwirkung

Diese vom Bauprinzip einfachste Version eines Gebisses gibt es in den unterschiedlichsten Materialien (Eisen, Stahl, Hartgummi, Weichgummi, Leder) und auch in den unterschiedlichsten Weiten und Stärken. Dieses Gebiß wird vom Pferd überwiegend nur mit der Zunge getragen und hat wenig bis keinen Kontakt zu den Laden. Demzufolge müssen einseitige Zügelhilfen präzise gegeben werden, da sie ansonsten unklar im Pferdemaul ankommen, das Pferd also nur raten kann, was der Reiter von ihm möchte.

Außerdem ist bei völlig geraden wie auch bei nur leicht geschwungenen Stangengebissen (verbesserter Ladenkontakt) die **exakte Weite** des Mundstücks wichtig. Ein zu schmales Mundstück klemmt unweigerlich auf beiden Seiten die Lefzen, ein zu weites Mundstück verrutscht bei einseitiger Zügelhilfe und verkantet unter Umständen. Die Zügelhilfen werden dadurch für das Pferd vollkommen unverständlich.

Normalerweise werden Stangengebisse von jedem Pferd gern angenommen, besonders aber von solchen, die aufgrund ihres flachen Kiefers oder einer harten, unruhigen Reiterhand schon unangenehme Erfahrungen mit gebrochenen Gebissen gemacht haben. Allerdings kann eine harte Hand auch mit einem hebellosen Stangengebiß Abwehrreaktionen des Pferdes auslösen. Diese können sich zu ausgesprochen unangenehmen Eigenarten auswachsen, wenn das Pferd lernt, die Zunge über das Gebiß zu nehmen und sich so der reiterlichen Einwirkung zu entziehen. Dies passiert besonders leicht beim Einsatz von geraden Stangengebissen.

Auch deshalb sind Stangen mit leichter Zungenfreiheit, also mit Mundstücken, die anatomisch korrekt geformt Raum für die Zunge schaffen, empfehlenswerter. Ein solches Mundstück verhindert in der Regel, daß das Pferd die Zunge über das Gebiß nimmt und ist sinnvoller einzusetzen als Zungenstreckerlöffel oder Spieler am Mundstück, die diese Angewohnheit angeblich verhindern helfen. Zusätzlich ist bei einem Mundstück mit Zungenfreiheit die Einwirkung auf die Laden präziser, so daß der bestmögliche Kontakt zwischen Reiterhand und Pferdemaul geschaffen wird.

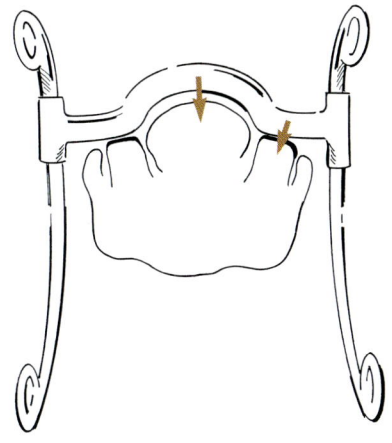

Das Stangengebiß mit Zungenfreiheit wirkt auf die Zunge nur schwach ein, stärker dagegen auf die Laden.

Wie wirkt nun die Reiterhand über ein Stangengebiß ohne Hebelwirkung im Pferdemaul?

Wird der Zügel angenommen, so wirkt die Stange zuerst leicht auf die Lefzen, was bei einseitigen Zügelhilfen der Stellung dient. Bei stärkerer Einwirkung wird der Druck zuerst auf die Zunge und dann auch auf die Laden übertragen. Das Pferd hat die Möglichkeit, auf die Zügelhilfe entsprechend frühzeitig nachzugeben. Voraussetzung hierfür ist, wie bei gebrochenen Gebissen auch, die korrekte Kopfhaltung des Pferdes. Trägt es den Kopf nämlich wie die meisten Freizeit- und Geländepferde relativ hoch, verschiebt sich die Einwirkung von der erwünschten Reaktionskette Lefzen – Zunge – Laden hin zur unerwünschten Kette Lefzen – Maulwinkel – Backenzähne und verursacht nur Schmerzen, denen sich das Pferd zu entziehen versuchen wird, indem es davonläuft oder mit dem

Gebisse

Kopf schlägt. Der Reiter reagiert darauf meist durch verstärktes Annehmen der Zügel, der Druck auf die Maulwinkel steigt. Hier kann ein gefährlicher Teufelskreis in Gang gesetzt werden!

> Wichtig für die richtige Wirkung von Stangen ohne Hebelwirkung ist eine einigermaßen korrekte Kopfhaltung des Pferdes verbunden mit der richtig getragenen Reiterhand.

Stangengebisse mit Hebelwirkung und Kandaren

Bei Stangengebissen mit Hebelwirkung und Kandaren gibt es bei Aufbau und Wirkung keine Unterschiede zwischen klassischen Kandaren und Westernstangen. Es hat sich in Freizeitreiterkreisen eingebürgert, allgemein von „der Stange" zu sprechen, so daß im folgenden Kapitel die Begriffe Stange bzw. Stangenzügel mit Kandare bzw. Kandarenzügel gleichzusetzen sind.

Die einfachste Ausführung eines Stangengebisses besteht aus einem ungebrochenen Mundstück zwischen zwei seitlichen Anzügen (Bäume, Hebel oder Shanks). Der obere Teil des seitlichen Anzugs (oberhalb des Mundstücks) heißt **Oberbaum**, der untere dementsprechend **Unterbaum**. Zusätzlich gehört zum Stangengebiß mit Hebelwirkung immer ein **Kinnriemen** oder eine **Kinnkette**, mit denen das Gebiß auf den Laden fixiert wird, damit es korrekt wirkt.

In den Ring am oberen Ende des Oberbaums wird der Backenriemen des Kopfstücks eingeschnallt, der (Stangen-) Zügel in den Ring am unteren Ende des Unterbaums. Bei manchen Gebissen kann zusätzlich in Höhe des Mundstücks ein zweiter Zügel (Trensenzügel) befestigt werden. Der Kinnriemen wird, sofern keine eigenen Ösen dafür vorhanden sind, in die gleichen Ringe eingeschnallt wie die Backenriemen.

Im Mundstück unterscheiden sich die Kandaren und Westernstangen zum Teil deutlich im Aufbau, ebenso in ihren Einsatzgebieten und Wirkungsweisen. Grundsätzlich ist aber in beiden Reitweisen ein Detail wichtig – die Zungenfreiheit. Mit Zungenfreiheit bezeichnet man beim Stangengebiß die aufgewölbte Mittelpartie des Mundstücks. Verdeutlicht man sich nochmals den Aufbau des Pferdemauls, so erkennt man, daß die Zunge deutlich erhöht über den Laden liegt. Ein Mundstück ohne Zungenfreiheit drückt nur auf die Zunge. Mit Zungenfreiheit wirkt es verstärkt auf die Laden, die auch empfindlicher sind als die Zunge. Ein gut sitzendes Gebiß zeichnet im Mundstück genau die Innenkontur des Mauls nach und wirkt gleichzeitig auf Zunge und Laden ein. Das heißt also, je größer und höher die Zungenfreiheit ist, desto direkter und schärfer wirkt ein Stangengebiß auf die Laden ein und das Pferd hat nicht mehr die Möglichkeit, das Gebiß mit der Zunge anzuheben, um so den Gebißdruck auf die Laden zu reduzieren.

Gleichzeitig ist zu beachten, daß, je größer die Zungenfreiheit ist, sich analog das Risiko vergrößert, daß das Mundstück bei angenommenem Zügel den Gaumen schmerzhaft berührt, was normalerweise nicht zur gewünschten Einwirkung gehört. Des weiteren ist der Übergang der Zungenfreiheit in die seitlichen Teile des Mundstücks zu betrachten. Dieser Übergang sollte von der Form her weich und fließend sein, da hier sonst ein äußerst unangenehmer und schmerzhafter Druck auf die Zunge ausgeübt wird, wenn der Stangenzügel angenommen wird. Abschließend wäre zu erwähnen, daß die Oberbäume jedes Stangengebisses leicht nach außen schwingen sollten, damit durch sie kein Druck von außen auf die Backenzähne des Pferdes ausgeübt wird. Dies gilt besonders für solche Gebisse, die einen relativ langen Oberbaum aufweisen.

Stangengebisse mit Hebelwirkung und Kandaren

> Stangengebissen mit Hebelwirkung wirken nie allein im Maul, sondern gleichzeitig auch außen am Pferdekopf ein.

Grundsätzlich hat man hier einen dreifachen Druck im Gegensatz zu den Stangengebissen ohne seitlichen Hebel, die lediglich mit einer Druck-Zug-Kombination wirken.

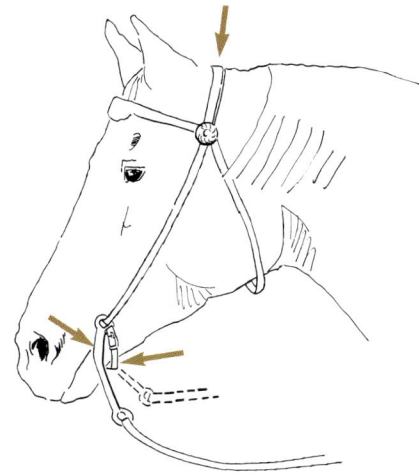

Bei den im folgenden betrachteten Gebissen sollte ein Zug grundsätzlich nicht auftreten. Nimmt man also einen Stangenzügel an, so bewegt sich der Unterbaum Richtung Reiterhand und verkürzt die Kinnkette bzw. den Kinnriemen, damit wird **Druck in der Kinngrube** ausgeübt. Als Gegenlager hierzu wirkt das Mundstück im Maul mit **Druck auf Zunge und Laden.** Gleichzeitig bewegen sich die Oberbäume in Richtung Pferdenase und verkürzen die Backenriemen des Kopfstücks. Hieraus resultiert **Druck im Genick.** Ist nun ein Pferd entsprechend auf Stange geschult und reagiert unverdorben auf die Einwirkung, wird es diesem dreifachen Druck ausweichen und den Kopf Richtung Körper hereinnehmen (gewünschter „Headset").

Wie verpaßt man ein Stangengebiß richtig?

Ein Stangengebiß liegt dann richtig im Maul, wenn es zwischen Schneide- bzw. beim Wallachen und Hengsten Haken- und Backenzähnen gut auf Zunge und Laden aufliegt. Die Maulwinkel sollen am Mundstück nur anliegen, ein Hochziehen durch das Mundstück ist unerwünscht. Das Gebiß selbst muß so weit sein, daß die seitlichen Bäume die Backenzähne nicht einklemmen und so Druck ausüben. Zu weit sollte allerdings auch das Stangengebiß nicht sein, damit es nicht einseitig im Maul verrutscht und verkantet.

Im entspannten Zustand trägt ein Pferd den Kopf in natürlicher Haltung mit der Nase vor der Senkrechten. Bei losgelassenem Stangenzügel hängen dann die seitlichen Anzüge je nach Aufbau der Hebel entweder parallel zur Maulspalte oder in einem Winkel bis zu 45° zur Maulspalte lotrecht herab. Kinnriemen oder Kinnkette sind so zu verschnallen, daß in dieser Stellung ein bis zwei Finger zwischen Kinngrube und Kette passen. Wird die Kette kürzer geschnallt, übt sie unzulässigen Dauerdruck auf Mundstück und Kinngrube aus – in der klassischen Reitlehre sagt man hierzu „die Kandare strotzt". Ist die Kette zu weit geschnallt, kann das komplette Gebiß nicht mehr korrekt wirken. Bei klassischen Kandaren soll die Kinnkette nur so locker sein, daß der Unterbaum bei angenommenem Zügel einen Winkel von höchstens 45° zur Maulspalte erreicht.

Ein mildes Stangengebiß mit Anzügen ist für das Freizeitreiten ein durchaus praktikables Gebiß, dessen Vorteile von vielen Pferden auch deutlich honoriert werden:

- Im Gegensatz zum gebrochenen Trensengebiß liegt es sehr **ruhig im Maul.** Das Pferd ist nicht versucht, durch Eigenbewegung des Gebisses verursachte Signale zu deuten.
- Ein Stangengebiß mit leichter **Zungenfreiheit** sorgt für eine anatomisch

Linke Spalte: Bei einem Stangengebiß entsteht bei angenommenem Zügel Druck auf das Genick, die Laden und die Kinngrube.

Gebisse

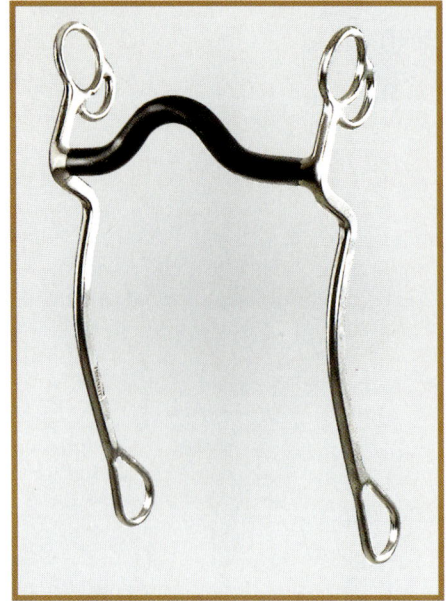

Trammell Bit:
7-Shanks Medium Port Bit. Diese Medium Port Bits liegen zwischen Grazer und Highport Bit und sind für Freizeitreiter geeignet.

korrekte Lage und Einwirkung im Pferdemaul.
• Die Zügelhilfen werden von der Reiterhand in **ansteigender Intensität** auf das Pferdemaul übertragen. Zuerst bewegen sich die seitlichen Anzüge und Druck auf Lefzen und Zunge entsteht. Erst bei weiterem Annehmen der Zügel wirkt das Gebiß auf die Laden. Allerdings sollte man sich immer vor Augen führen, daß für ein Stangengebiß eines Grundvoraussetzung ist: Der Reiter muß zügelunabhängig sitzen, sich weder an den Zügeln festhalten noch die Bewegungen des Pferderückens bis in die Arme und somit in die Zügelhände durchlassen.

Die Zügelführung bei Stangengebissen ist für die Wirkung des Gebisses von großer Bedeutung. Man kann grundsätzlich zwei Varianten unterscheiden, und zwar die Führung des Gebisses mit nur einem, also dem Stangenzügel, oder mit zwei, also Stangen- und Trensenzügel.

Die Variante mit nur einem Zügel nennt man auch „auf blanke Kandare" oder „auf blanke Stange" reiten. Wird der Stangenzügel angenommen, bewegt sich der Unterbaum. Er schwenkt um das Mundstück und strafft so die Kinnkette bzw. den Kinnriemen. Sobald dieser voll gespannt ist, wird über das Mundstück Druck auf Zunge und Laden ausgeübt. Bevor die Zügelhilfe jedoch die volle Wirkung auf Zunge und vor allem auf die Laden erreicht, bekommt das Pferd durch die Drehbewegung einen leichten Druck auf Lefzen und Zunge zu spüren. Das sollte aber bitte keinem Reiter als Ausrede dafür dienen, nicht an der Verfeinerung seiner Zügelhilfen zu arbeiten, dies muß immer – egal, welches Gebiß verwendet wird – das oberste Ziel sein.

> Falsch ist, daß eine Stange mit Anzügen grundsätzlich immer schärfer und brutaler auf das Pferdemaul wirkt als ein Trensengebiß.

Reitet man also auf blanke Stange mit nur einem Zügel, muß die Zügelverbindung zum Pferdemaul weich wie ein ganz feines Gummiband sein, jederzeit bereit nachzugeben und die kleinste Regung des Pferdemauls zu erspüren. Empfehlenswert für das Freizeitreiten ist sicher, das Pferd in der Arbeit am losen Zügel zu trainieren. Dies heißt nicht, daß der Zügel weggeworfen wird und schlaff herunterhängt – er wird eben nur etwas länger gefaßt. Der Kontakt zwischen Reiterhand und Pferdemaul kommt so in erster Linie durch das Eigengewicht des Zügels zustande, die Zügelhilfen lassen sich dann besonders weich übermitteln. Nähere Erläuterungen zur Rolle des Zügels in diesem Zusammenspiel sind im Kapitel Zäume nachzulesen (siehe Seite 62 f.).

Einhändige oder beidhändige Zügelführung

Ob einhändig oder beidhändig geritten wird, hängt zum einen vom Ausbildungs-

Wie verpaßt man ein Stangengebiß richtig?

Ein Western-Show Bit mit Distanzstange. Ob das Gebiß korrekt im Maul liegt, kann man wegen der Schmuckrosette nicht erkennen.

Bei korrekter Verschnallung des Western-Show Bit mit Kinnriemen werden die Maulwinkel nur leicht angehoben, es sollen sich keine Falten bilden.

stand des Pferdes wie auch des Reiters ab, zum zweiten von der Wahl des Gebisses. In der Westernreitweise sind Gebisse im Einsatz, bei denen das Mundstück starr mit den seitlichen Anzügen verbunden ist, z.B. Grazer Bits. Ein solches Gebiß wird immer einhändig geritten, da eine beidhändige Zügelführung die Einwirkung verfälscht und das Gebiß unter Umständen im Maul verkanten läßt.

Ist die Verbindung zwischen Mundstück und Anzügen dagegen beweglich wie bei allen Training Bits, kann ein solches Gebiß auch beidhändig geritten werden. Die Bezeichnung Training Bit weist schon darauf hin: Diese Gebisse werden in der Ausbildungsphase eingesetzt, in der ein Pferd die Grundbegriffe des Neckreining erlernt. Die Zügelführung ist zwar noch beidhändig, wird jedoch immer enger, damit das Pferd lernt, Gebiß- und Zügelsignale am Hals miteinander zu verbinden und ihnen nachzugeben.

Zäumung mit einem oder zwei Zügeln

Auch dies hängt vom verwendeten Gebiß ab. Viele Westernstangen sind so gearbeitet, daß sie nur mit einem Zügel geritten werden können. Gibt es allerdings die Möglichkeit, einen zweiten (direkten) Zügel in Höhe des Mundstücks einzuschnallen, so gelten die folgenden Regeln:

- Je kürzer der Unterbaum ist, desto eher empfiehlt sich die Verwendung eines zweiten Zügels. Der Stangenzügel wirkt sonst sehr schnell und dadurch für das Pferd extrem hart.
- Je gerader der Unterbaum ist, desto schärfer ist das Gebiß. Benutzt man zwei Zügel, muß die erste Regulierung nicht mit dem scharfen Stangenzügel vorgenommen werden, wenn das Pferd einmal heftig reagiert.
- Für junge, noch nicht weit ausgebildete Pferden ist bei der Arbeit der bereits bekannte und vertraute Trensenzügel sehr wichtig. Bei der Gewöhnung an Gebisse mit Hebelwirkung sollte man immer mit zwei Zügeln arbeiten.
- Die Verwendung von zwei Zügeln beim Einsatz einer klassischen Kandare versteht sich von selbst. Bei dieser Zäumung werden mit den zwei Zügeln zwei Gebisse geführt (siehe S. 45).

Wird ein Gebiß mit zwei Zügeln geritten, so wird in der Regel der obere (Trensen-)Zügel mehr auf Kontakt gefaßt, also kürzer genommen als der untere (Stangen-)Zügel. Trensen- und Stangenzügel werden vor der Reiterhand gekreuzt, der Trensenzügel läuft unter dem kleinen Finger hinweg in die Reiterhand, der Stangenzügel

Verwendung von Stangengebissen und Kandaren

wird wie gewohnt zwischen kleinem und Ringfinger aufgenommen.

Das Reiten mit zwei Zügeln erfordert eine gewisse Übung, damit die Zügelhilfen mit der nötigen Feinheit wie gewünscht dosiert im Pferdemaul ankommen. Zwei Zügel können auch einhändig geführt werden: Alle vier Zügel laufen in eine Hand und werden dabei jeweils durch einen Finger voneinander getrennt. Dies ermöglicht zum einen das feine Einwirken auf einen einzelnen Zügel, zum zweiten aber auch das ruhige Abstützen der Zügelhand in Ruhepausen beziehungsweise bei gut ausgebildeten Pferden, wenn gerade keine Einwirkung der Zügelhand erforderlich ist. Werden Doppelzügel so mit einer Hand gefaßt, so wird bei Bedarf mit der zweiten Hand zum Zügelverkürzen oder -verlängern gearbeitet.

Wenn mit zwei Zügeln geritten wird, sollten immer gleichlange und geschlossene Zügel verwendet werden. Man tut sich damit leichter beim Aufnehmen, Nachfassen und bei der Längenkontrolle als mit offenen Zügeln.

Verwendung von Stangengebissen und Kandaren

Vor allem im Freizeitreiten und bei der Ausbildung junger Pferde werden ungebrochene Gebisse ohne Hebelwirkung (Gummi- und Metallstangen, Ledergebisse) verwendet. Außerdem kommen solche Gebisse auch dann zum Einsatz, wenn ein hartmäuliges Pferd wieder korrigiert werden soll, da ja in solchen Fällen erst einmal auf ein milderes Gebiß zurückgegriffen werden sollte. Besonders gerne werden diese Gebisse auch von Pferden angenommen, die mit gebrochenen Trensengebissen bereits schlechte Erfahrungen gesammelt haben, sei es durch zu harte Hand des Reiters oder auch durch ein nicht passendes Gebiß, das geklemmt hat oder im Gelenk gegen den Gaumen stieß.

Das Einsatzgebiet von ungebrochenen Gebissen mit Hebelwirkung (Kandaren, Westernstangen) ist so weit und vielfältig wie die Gebißvarianten selbst. Es reicht vom Einsatz milder Westernstangen im Freizeitreiten bis hin zur hohen Schule, sowohl in der Western- wie auch in der klassischen Reitkunst. Auch im Fahrsport werden in der Regel Kandaren eingesetzt, um eine präzisere und größere Einwirkung auf die Pferde zu bekommen.

Beim Einsatz von Kandaren oder Westernstangen ist wichtig, daß das Gebiß dem Ausbildungsstand des Pferdes und auch des Reiters angepaßt wird. Nur dann kann die Verständigung miteinander funktionieren. Wird dagegen ein Gebiß eingesetzt, das vom Pferd und von der Reiterhand mehr verlangt, als diese nach ihrem Ausbildungsstand bringen können, so endet dies meist mit sehr schmerzhaften Mißverständnissen, die einerseits zum Vertrauensverlust des Pferdes in das Gebiß und andererseits zu ebenso großem Frust (bis hin zu Angst) des Reiters führen können.

> Wichtig ist, daß nicht gedankenlos zu einem schärferen Gebiß dieser Kategorie gegriffen wird, wenn das Pferd bei dem derzeit verwendeten pullt, gegen die Hand geht oder auf andere Weise zu verstehen gibt, daß es das Gebiß nicht annimmt. In einer solchen Situation sollte man eher einen Schritt zurück machen, indem man ein milderes Gebiß wählt. Vorher sollte man überprüfen, ob Scharten, Unebenheiten, falsche Lochungen oder Zahnprobleme unter Umständen der Grund für die Ablehnung des Gebisses sind.

Bei fortgeschrittenem Ausbildungsstand der Pferde, sowohl in der klassischen wie auch in der Westerndressur, empfiehlt

Gebisse

sich der Einsatz anderer Gebisse, mit denen feinere Hilfen präzise an das Pferdemaul übermittelt werden können.

Die einzelnen Gebißvarianten

Dieser Abschnitt gibt eine kurze Übersicht über die im Handel erhältlichen Stangengebisse mit und ohne Hebelwirkung. Da die Bandbreite enorm ist, werden vor allem die in Deutschland erhältlichen und gebräuchlichen Gebisse genannt und auch zum Teil in Gruppen zusammengefaßt. Eine Gegenüberstellung von klassischer und Westernvariante ist in diesem Abschnitt nicht möglich, da sich auf dem Westernsektor eine Vielzahl Stangengebisse entwickelt hat, für die es in der klassischen Reitweise keine Entsprechung gibt.

Einfache Stange

Die einfache Stange gibt es in einigen Varianten. Sie unterscheiden sich in der Befestigung an den Gebißringen, der Wölbung und dem verwendeten Material. Empfehlenswert für alle Einsatzbereiche ist ein der Anatomie des Pferdemauls entsprechend leicht aufgewölbtes Mundstück. Sieht man sich unter den Westerngebissen um, so laufen diese Stangen unter der Bezeichnung **Sweet Mouth** oder **Mullen Mouth**.

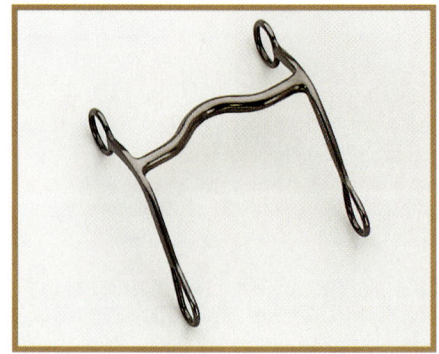

Cutting-Gebiß aus brüniertem Eisen mit minimaler Zungenfreiheit.

Welche Gebißstärke man wählt, hängt in erster Linie von Art und Größe des Pferdemauls ab; ein kleines sensibles Maul wie das eines Vollblutarabers oder Ponys braucht eine dünnere Stange als zum Beispiel das Maul eines großen Warmblüters. Bei der Auswahl des Materials ist entscheidend, was dem Pferd schmeckt.

Gummistange

Gummistangen gibt es in zwei Ausführungen, nämlich als Hartgummistange mit Stahlkern oder als Weichgummistange mit einer Seele aus Draht, die das gesamte Gebiß flexibler und dünner macht. Die Begriffe Hart- oder Weichgummi sind irritierend, denn der Gummi hat immer denselben Härtegrad, nur ist beim sogenannten Hartgummigebiß eine einfache Stange die Grundlage, die mit einer Gummischicht überzogen wird. Für Pferde mit kleinen, flachen oder kurzen Mäulern sind Hartgummistangen meist zu dick und voluminös. Wenn keine dünne Stange gefunden wird, sollte man eher Weichgummi- oder Kunststoffstangen einsetzen, die einen geringeren Durchmesser haben.

Kunststoffstange

In den 80er Jahren waren Nathegebisse sehr beliebt. Inzwischen gibt es verschiedene ähnliche Kunststoffe in den unterschiedlichsten Formen und Stärken. Von vielen Pferden werden diese Gebisse auch gerne angenommen, meist lieber als die schwarzen Gummigebisse, da sie eine glattere Oberfläche haben und deshalb besser einspeicheln. Kunststoffgebisse müssen aber bei regelmäßigem Einsatz auf Bißschäden überprüft werden, vor allem dann, wenn sie keine Metallseele haben.

Die heutigen Kunststoffe sind gegen Verbiß unempfindlicher als die Original-Nathe-Gebisse der 80er Jahre.

Die einzelnen Gebißvarianten

Sprenger KK-Gebisse.
1) Schulungsgebiß;
2) Korrekturgebiß;
3) Conrad-Trense;
4) Lederriemen.

Schulungsgebiß

Dieses Gebiß ist eine relativ neue Entwicklung bei den Stangengebissen. Die Stange wird von der Fa. Sprenger in Aurigan angeboten. Sie ist mit leichter Zungenfreiheit ausgestattet und paßt sich durch ihre Winkelung der Anatomie des Pferdemauls besonders gut an. Dabei ist die Zungenfreiheit relativ weit ausgestellt – wesentlich weiter als beispielsweise bei Kandarenmundstücken. Zungenfehler des Pferdes sollen mit diesem Gebiß verhindert oder behoben werden. Außerdem kann es eingesetzt werden, wenn das Pferd behutsam von der gebrochenen Trense auf die ungebrochene Kandarenstange umgestellt werden soll. Es kann sich allmählich an die ungewohnte Wirkung eines ungebrochenen Gebisses und an die Zungenfreiheit gewöhnen.

Ledergebiß

Logischerweise muß ein solches Ledergebiß, wie die zuvor beschriebenen Kunststoffgebisse auch, regelmäßig auf Bißschäden geprüft werden. Kein Wunder, die meisten Pferde kauen gerade auf Lederriemen besonders gerne herum. Außerdem muß beim Einkauf darauf geachtet werden, welche Gerbung für das Leder verwendet wurde. Gebisse sollten unbedingt pflanzlich gegerbt sein. Das Material schmeckt vielen Pferden so gut, daß sie freiwillig darauf herumkauen. Es paßt sich außerdem sehr gut der Anatomie des Maules an. Zur Pflege von Ledergebissen sollten diese ab und zu in Speiseöl eingelegt werden. Synthetische Lederöle und Lederfette enthalten in der Regel giftige Substanzen, auf denen ein Pferd nicht ständig herumkauen sollte.

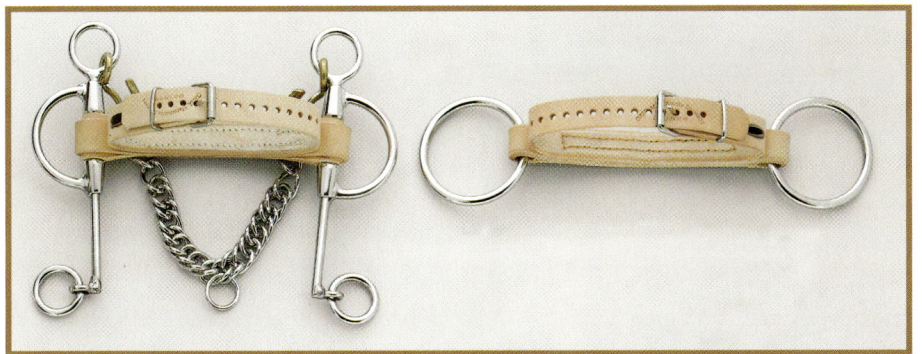

Links: Lederpelham, rechts: Ledergebiß.

Gebisse

Pelham

Dieses Gebiß wurde in England entwickelt und ist dort weit verbreitet. Die Wirkungsweise liegt in etwa zwischen Trense und Kandare. Das Pelham besteht aus einem leicht aufgewölbten Stangenmundstück (Western: Sweet Mouth), teilweise aber auch aus einer vollkommen geraden Gebißstange ohne jegliche Zungenfreiheit, mit relativ kurzen seitlichen Anzügen. Die Unterbaumlänge variiert bei den gebräuchlichen Pelhams zwischen 5 und 7 cm. Die Anzüge haben seitlich je zwei Ringe zum Einschnallen der Zügel, und zwar am unteren Ende der Anzüge und genau in Höhe des Mundstücks (Wirkung eines Trensenzügels). Pelham-Mundstücke gibt es in verschiedenen Materialien (Metall, Hartgummi, Kunststoff).

Zum Pelham gehört immer eine **Kinnkette.** Zusätzlich ist zum Gebrauch von zwei Zügeln zu raten, da ein nur mit Stangenzügel gerittenes Pelham ein Pferd sehr schnell im Maul abstumpfen läßt. Aufgrund der sehr kurzen, vollkommen geraden seitlichen Anzüge kommt es hier zu einer ruckartigen, harten Gebißwirkung, vor allen Dingen, wenn der Reiter das Pelham wie eine Westernstange am losen Zügel führt.

Duo Pelham.

Wenn man ein Pelham einsetzen möchte, sich aber vor dem Gebrauch von zwei Zügeln scheut, verwendet man statt dessen ein **Pelhamriemchen.** Dieser Riemen verbindet die zwei zum Einschnallen der Zügel gedachten Ringe und soll theoretisch die Trensen- und Hebelwirkung kombinieren. Es gibt die unterschiedlichsten Meinungen, ob dies die Einwirkung verwischt oder eine praktische Zwischenlösung ist. Was auf keinen Fall funktioniert, ist die Hebelwirkung durch Höher- oder Tiefertragen der Hände zu bestimmen.

Beim Verpassen des Pelhams gilt das gleiche wie beim Verpassen von gebrochenen Trensengebissen: Es sollte so in die Backenriemen eingeschnallt werden, daß es die Mundwinkel leicht anhebt. Außerdem muß das Mundstück so weit sein, daß es die Lefzen nicht einklemmt und oberhalb des Mundstücks auch nicht auf die Backenzähne drückt.

Kimblewick

Dieses Gebiß wird in Deutschland auch als **Springkandare** bezeichnet. Nur der Vollständigkeit halber sei darauf hingewiesen, daß man in der klassischen Reitweise unter einer Kandare immer eine Kombination aus zwei Gebissen versteht (Stange und Unterlegtrense), der Name Springkandare hier also eigentlich falsch ist. Bleiben wir daher einfach bei der korrekten englischen Bezeichnung: Kimblewick.

Das Kimblewick ist ein Stangengebiß mit D-Ringen, das ähnlich wirkt wie das zuvor beschriebene Pelham. Allerdings sind die seitlichen Anzüge noch kürzer als die des Pelham, in der Regel weisen sie nur 4 cm Länge auf. In diesen D-Ringen soll der Zügel auf- und abgleiten und so je nach Stellung der Zügelfaust und des Kopfes eher eine Trensen- oder auch eine Kandarenwirkung erzielen.

Die Wirkung des Kimblewick als Stangenzäumung wird unterstützt durch die Tatsache, daß dieses Gebiß ebenfalls mit Kinnkette geritten wird. Zur Zügelführung ist zu sagen, daß das Kimblewick sowohl mit anstehendem wie auch

Klassische Kandare

Rechte Spalte: S-Kandaren, unten: S-Kandare mit Schultheisgebiß, sind heute selten im Einsatz.

mit losem Zügel geritten werden kann. Durch den nicht in einer Stellung fixierten Zügel tritt hier nicht die schnelle, harte Reaktion auf Zügelhilfen ein wie beim Pelham.

Klassische Kandare

Bei der klassischen Kandare handelt es sich nicht nur um ein Gebiß, sondern um eine Kombination aus zwei Gebissen: dem Stangen- und dem Trensengebiß. Die Kandare sollte grundsätzlich nur für fortgeschrittene Dressurpferde (auf internationaler Ebene ab Klasse M Vorschrift) eingesetzt werden. Die Ausbildung eines Pferdes zu Kandarenreife in der klassischen Dressur dauert Jahre und setzt eine gründliche Vorschulung auf gebrochener Trense voraus, da die sehr dünne Unterlegtrense bei der Kandarenzäumung ebenso wie die Stange auf vollen Kontakt (d.h. mit anstehendem Zügel) geritten wird.

Die **Unterlegtrense** ist sehr dünn, da sie zusätzlich zur Stange ins Maul gelegt werden muß. Am Maulwinkel schreibt die LPO eine Mindestdicke von 10 mm vor, zum Gelenk sind sie dagegen deutlich dünner. Diese Unterlegtrense hat einfache, sehr kleine Gebißringe, da andere Ringformen das Kandarengebiß an den Bäumen behindern würde.

Das Kandarengebiß selbst ist ziemlich stark mit nur leichter Zungenfreiheit und fest verbundenen seitlichen Anzügen. Die Mindestdicke an den Maulwinkeln beträgt lt. LPO 14 mm. Die Anzüge sind normalerweise länger als die des Pelham. Laut LPO sind 5 bis 10 cm Länge erlaubt. Damit reichen sie aber bei weitem nicht an die Bäume von Westernstangen heran. Außerdem wird bei Kandarenzäumung grundsätzlich mit **Kinnkette,** nie mit Kinnriemen geritten. Weiterhin ist von der LPO vorgeschrieben, daß die Kandarenzäumung mit englischem Reithalfter ausgestattet sein muß. Die Linie der Kandarenbäume in der heute gebräuchlichen Form ist gerade. Hier sollte man sich ins Gedächtnis rufen: Je gerader der Baum, desto schärfer ist die Einwirkung des Gebisses.

Betrachtet man die Wirkungsweise, muß immer berücksichtigt werden, daß das Kandarengebiß ein starres Gebiß ist, das durch eine mehr oder weniger große Zungenfreiheit eine entsprechende Einwirkung auf die Laden des Pferdes hat. Je größer diese Zungenfreiheit ist, desto weniger hat das Pferd die Möglichkeit, die Wirkung auf die Laden durch die Zunge abzuschwächen, wenn ihm der Druck zu groß wird. Außerdem ist dieses Abheben nur bis zu einem gewissen Grad möglich, da das Kandarengebiß mit der Kinnkette im Maul fixiert wird. Durch die geraden Kandarenbäume hat jede Parade eine schärfere Wirkung auf das Pferdemaul als bei Verwendung gebogener Anzüge.

Die Zügelführung der Kandare verlangt feinste Hilfen, damit jede schmerzhafte Einwirkung unterbleibt und dem Pferd die Möglichkeit gegeben wird, auf minimale Zügelhilfen zu reagieren. Die Unterlegtrense hat hier die Möglichkeit, das Pferd vorzuwarnen.

Gebisse

> Der Trensenzügel wird beim Kandarenreiten immer kürzer gefaßt als der Kandarenzügel, so daß die Unterlegtrense zum Aufmerksammachen zuerst einwirkt, bevor das Kandarengebiß in seiner Wirkung zum Zug kommt.

Rechte Spalte: Bei Kandarenzäumung müssen die Gebisse sehr genau verschnallt werden. Wenn Kandare und Unterlegtrense sich berühren, beeinträchtigen sie sich gegenseitig in ihrer Wirkung.

Rechte Seite: Ein Dressurpferd in Aktion. Die Hände werden bei Kandarenzäumung etwas höher getragen als bei Trensenzäumung.

Auch bei Kandarenbäumen gibt es unterschiedliche Formen. Aus den Zeiten der Kavallerie wie auch aus dem Fahrsport und ganz speziell aus der klassischen Spanischen Dressur kennt man Kandarenbäume, die wie ein S geformt sind. Diese S-Kandare hat zwei Vorteile, einen für das Pferd und einen für den Reiter. Einerseits wirkt die S-Kandare den physikalischen Gesetzen folgend wesentlich weicher und auch erst später ein, andererseits kann das Pferd diese Form der Bäume nicht so schnell mit den Lippen fassen um sie festzuhalten – eine nicht gerade seltene Unart von Pferden, die mit Kandaren- oder Stangengebissen geritten werden.

In anderen Ländern haben sich weitere Formen von Kandaren entwickelt, die das Pferd daran hindern, sich auf dem seitlichen Anzug festzubeißen. In England und Kanada wird die Ellbogenkandare bei der Kavallerie oder berittenen Polizei eingesetzt. Vor allem in Ländern, die eine lange Tradition in der Rinderarbeit haben, haben sich schärfere Formen der Kandare entwickelt. Die schärfere Wirkung beruht hauptsächlich darauf, daß das Verhältnis Oberbaum zu Unterbaum von unseren Maßen abweicht: Je länger der Unterbaum im Verhältnis zum Oberbaum, desto schärfer wirkt ein Gebiß.

Wie wird ein Kandarengebiß verpaßt?
Die Zeichnung verdeutlicht die Lage von Stange und Unterlegtrense im Maul. Jedoch sollte ohnehin kein Reiter ohne gründliche Einweisung und Schulung durch einen Fachmann auf eine Kandarenzäumung umsteigen. Die Gefahr, dem Pferd damit weh zu tun, ist einfach zu groß. Die Unterlegtrense liegt im Maul am höchsten, die Kandarenstange wird so verschnallt, daß sie so tief liegt, daß die Mundstücke im Maul nicht gegeneinander stoßen können.

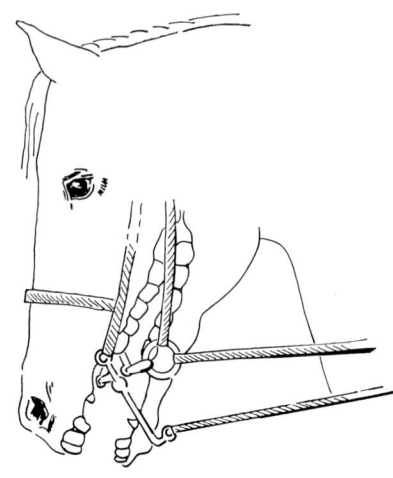

Die Kinnkette muß so verpaßt sein, daß zwischen Kette und Kinngrube ein bis zwei Finger passen. Wird sie kürzer geschnallt, strotzt die Kandare. Damit wird ständig ein unzulässiger Druck auf Zunge und Laden, aber auch auf die Kinngrube des Pferdes ausgeübt. Außerdem nimmt sich der Reiter mit strotzender Kandare die gewünschte, fein dosierte Einwirkungsmöglichkeit über das Gebiß. Wird die Kinnkette dagegen zu lang geschnallt, fällt die Kandare durch. Die Wirkung wird zu ungenau und für das Pferd unverständlich. Ganz allgemein gilt der Grundsatz, daß die Kinnkette so lang verschnallt wird, daß die Bäume maximal einen Winkel von 45° zur Maulspalte bilden können.

Die Zügelführung auf Kandare lernt der Reiter am besten unter fachkundiger Anleitung. Nur soviel sei hier angemerkt: Je nach Versammlungsgrad steht die Zügelfaust in der Kandarenzäumung ein bis zwei Faustbreit höher als in der Trensenzäumung. Aber auch hier muß darauf ge-

Klassische Kandare

Gebisse

Diese Dutton-Bits sind noch nicht weit verbreitet, es sind jedoch sehr ausgewogene, handgeschmiedete Gebisse.

Highport Bit with Loomis Shanks.

Grazing Bit with S-Shanks.

Grazing Bit.

Mullen Port Bit with S-Shanks.

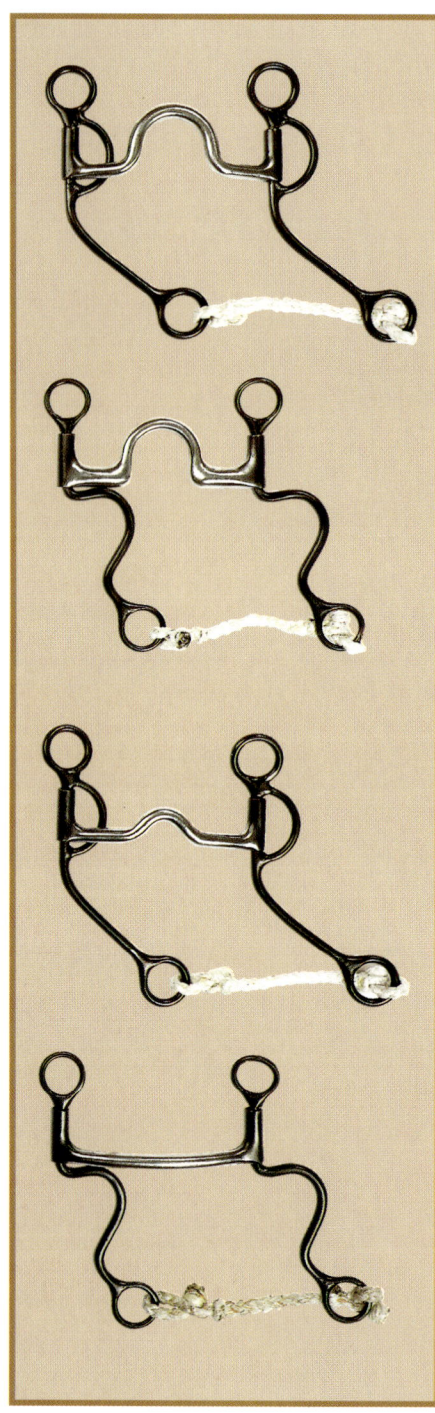

achtet werden, daß der Unterarm des Reiters und der Zügel eine gerade Linie bilden, damit die Hilfen fein an das Gebiß übertragen werden können. Die Zügelfäuste stehen eng beieinander. Besonders wichtig ist es, darauf zu achten, daß die Zügel die korrekte Länge haben. Ein aus Versehen zu kurz gefaßter Kandarenzügel kann einen schlimmen Vertrauensverlust beim Pferd zur Folge haben.

Grazer Bit

Es handelt hier sich um eines der einfachsten Western Bits, das wohl am häufigsten im Freizeitreiten zum Einsatz kommt. Das Mundstück gibt es in verschiedenen Materialien und Materialkombinationen sowie unterschiedlicher Zungenfreiheit. Seinen Namen erhielt das Grazer Bit aufgrund seines ursprünglichen Einsatzzweckes. Es war gedacht als Gebiß für das Hütepferd, das während langer Tage Arbeit mit der Herde auch mit Gebiß fressen mußte. Hierzu wurden die seitlichen Anzüge des Gebisses nach hinten gebogen, damit das Pferd sich während des Fressens nicht mit den Bäumen im Gras am Boden verhakt. Aus diesem Grund ist das Mundstück auch völlig schlicht gehalten.

Außerdem hat das Grazer Bit grundsätzlich eine feste Verbindung zwischen Mundstück und seitlichen Bäumen. Es kann daher auf die Distanzstange am Ende der Unterbäume verzichten. Dies bedeutet gleichzeitig, daß es **einhändig** geritten wird, also kein Gebiß ist, mit dem ein Pferd umgestellt werden kann, das bisher mit einer gebrochenen Trense ging.

Auch beim Grazer Bit gibt es wieder einige Grundregeln, die für die Auswahl des richtigen Gebisses wichtig sind.
- Je stärker der Unterbaum nach hinten gebogen ist, desto weicher ist die Wirkung.
- Auch beim Grazer gibt es das Längenverhältnis Ober- zu Unterbaum 1:2. Man findet aber auch welche völlig oh-

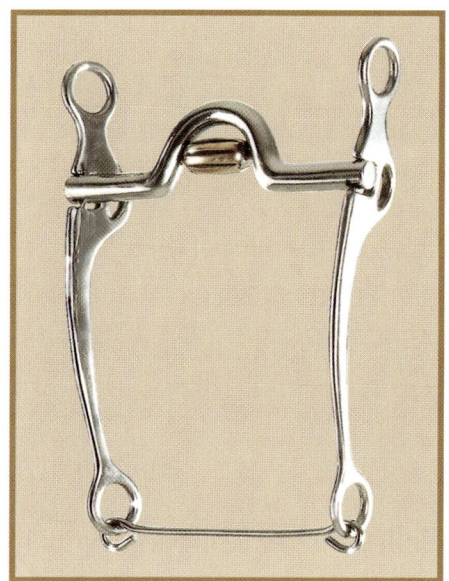

Linke Spalte: Linda Tellington-Jones Bit.

ne Oberbaum. Je kürzer allerdings der Oberbaum ist, desto weniger ist das Gebiß für ein Pferd in der Umstellungsphase geeignet.
- Je kürzer der Oberbaum, desto geringer ist der im Genick ausgeübte Druck bei angenommenem Zügel, d.h. desto stärker ist die Einwirkung über Kinngrube, Zunge und Laden.

Letztendlich muß auch beim Grazer Bit, wie bei allen Gebissen mit Hebelwirkung, auf korrekte Verschnallung von Kinnriemen oder Kinnkette geachtet werden, damit nichts eingeklemmt wird.

Training Bit

Das Training- und Ausbildungsgebiß, auch bekannt als Training Bit, **LTJ Bit** oder **Rollerbit,** findet seit einigen Jahren immer weitere Verbreitung bei Freizeitreitern. Dies ist nicht zuletzt der fleißigen Informationsarbeit von Ausbildern wie Linda Tellington-Jones und Ursula Bruns zu verdanken.

Das Trainingsgebiß mag wohl recht martialisch aussehen – Freizeitreiter, die dieses Gebiß benutzen, werden mitunter von Vertretern der klassischen Zunft als grausam beschimpft. Tatsache ist aber, das es sich hier um ein sehr mildes Stangengebiß handelt, das auch mit zwei Zügeln geritten werden kann. Dies ist sowohl für Anfänger mit der Westernstange wie auch bei umzustellenden Pferden von großer Wichtigkeit, weil beide Zügel so aufgenommen werden können, daß zu Beginn noch vermehrt mit dem dem Pferd bereits bekannten direkten Gebißzügel geritten wird. Der Stangenzügel tritt erst nach und nach in Aktion, wenn Pferd und Reiter gelernt haben, die fein dosierten Hilfen des Stangenzügels richtig anzuwenden und zu verstehen.

Hinzu kommt beim Trainingsgebiß, daß das Mundstück über Gelenke in die seitlichen Anzüge übergeht und dadurch beidhändig geritten werden kann. Wegen dieser Gelenke braucht man jedoch eine **Distanzstange** am unteren Ende der Unterbäume wie bei dem LTJ Bit. Fehlt die Stabilisierung durch die Distanzstange, kann bei einer unabsichtlichen einseitigen Zügelhilfe eine unter Umständen extreme Nußknackerwirkung entstehen und das Gebiß verkanten lassen.

In die hohe Zungenfreiheit des Mundstücks ist ein **Kupferröllchen** eingearbeitet. Bei der Auswahl eines Trainingsgebisses sollte besondere Aufmerksamkeit darauf gerichtet werden, daß dieses glatt ist oder nur wenige gerundete, breite Rillen aufweist. Außerdem muß es sehr leichtgängig laufen und darf nicht über die gedachte untere Linie des Mundstücks hinausragen, da es sich ansonsten regelrecht in die Zunge hineinarbeiten kann. Die Kupferrolle regt das Pferd zum Spielen mit dem Gebiß an und bringt es dazu, dieses anzunehmen und nicht als Fremdkörper im Maul, der es ja eigentlich ist, abzulehnen. Außerdem haben nervöse Pferde hier die Möglichkeit, sich über das Spiel mit der Rolle abzulenken und Spannungen abzubauen. Leider kann aber auch das genaue Gegenteil auftreten: Besonders bei

Gebisse

Rechte Spalte: Mullen Port Bit, ein sehr mildes Mundstück.

sehr interessierten, jungen Pferden kommt es hin und wieder vor, daß sie sich so mit der Spielerei am Gebiß beschäftigen, daß sie sich auf die geforderten Aufgaben nicht mehr konzentrieren können. In einem solchen Fall liegt der Wechsel auf ein Gebiß ohne Röllchen nahe.

Eine weitere Variante des Trainingsgebisses, auch **Roller Bit** genannt, ist ein Gebiß, bei dem die Kupferrolle im Mundstück wie beim Salinas oder Mona-Lisa Bit von einer Kupferkappe überdeckt wird. Bei diesen Gebissen sollte vor dem Kauf mit Fingerspitzengefühl geprüft werden, ob scharfe Stanzkanten an der Kupferkappe die Zunge verletzen könnten. Diese Kupferkappe ist dazu gedacht, den Speichelfluß und das Kauen zu fördern, was sich in der Praxis auch als richtig erwiesen hat.

Sweet Bit, Sweet Mouth, Sweetwater Drifter

Diese drei Gebißvarianten unterscheiden sich minimal in Material und Wölbung des Mundstückes. Das Sweet Bit ist wie das Trainingsgebiß für Anfänger geeignet, da es recht milde wirkt und daher auch mal eine unabsichtlich etwas gröbere Hilfe toleriert, ohne dem Pferd deutlich weh zu tun. Dieses Gebiß hat ein nur mäßig geschwungenes, leicht aufgewölbtes Mundstück und ist mit den unterschiedlichsten Bäumen erhältlich. Am gebräuchlichsten sind aber die nach hinten schwingenden Anzüge des Grazer Bit. Dieses Gebiß eignet sich vor allem für Pferde mit sehr sensiblem, weichem Maul. Die Zügelführung entspricht der beim Grazer Bit.

Ein selteneres Mundstück im Sweet Mouth ist das sogenannte **Mullen Mouth**. Es handelt sich um eine leicht vorgebogene Seele, die oft mit vielen Röllchen besetzt ist. Der Reiter muß aber ständig überwachen, ob sich irgendwo Spalte oder Kanten bilden, die die Zunge verletzen können.

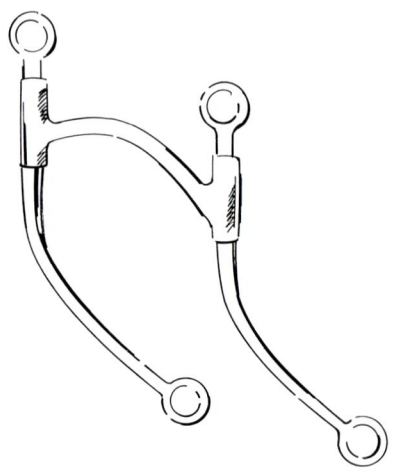

Kalifornische Gebisse

Die kalifornischen Gebisse gehören zur Hohen Schule des Westernreitens. Grundvoraussetzungen für eine korrekte und pferdefreundliche Wirkung solcher Gebisse sind:

- Das Pferd muß sich in der sogenannten Beizäumungshaltung selbst tragen, das heißt, das Genick ist der höchste Punkt des Pferdes.
- Die Halsmuskulatur muß losgelassen und flexibel sein.
- Es muß ständig ein leichter Kontakt zwischen Gebiß und Reiterhand vorhanden sein, und sei es nur durch das Eigengewicht von Zügel und Zügelkette.
- Der Reiter muß vollständig zügelunabhängig sitzen und unter keinen Umständen Zug auf den Zügel geben.
- Der Reiter muß in der Lage sein, seine Hände ganz fein und weich einzusetzen.

Fehlt eine dieser Grundvoraussetzungen, so wird ein kalifornisches Gebiß dem Pferd im Maul mit Sicherheit so weh tun, daß es sich heftig zur Wehr setzen wird. Kalifornische Gebisse sind weder etwas für Anfänger noch für Pferde, die nicht von Fachleuten speziell dafür ausgebildet wurden.

Spade Bit

Gemäß den Anforderungen des Vaquero-Reitens (spanischstämmiges, in Kalifornien entwickeltes Westernreiten) hat sich dort über die Jahrhunderte hinweg eine Gebißform entwickelt, die in sich so ausgefeilt und fein abgestimmt ist, daß sie als komplette Zäumung betrachtet werden muß, das **Santa-Barbara Spade Bit.**

Das Gebiß selbst wiegt etwa 1 kg. Durch dieses hohe Gewicht hängt es schwer im Kopfstück und liegt sehr ruhig im Maul. Zusammen mit den Zügeln und den Zügelketten bildet es eine Balance. Innerhalb dieser Balance wird durch feines Annehmen des Zügels eine leichte Spannung aufgebaut, die sich über die einzelnen Gelenke (Zügelkette – Zügelöse am Unterbaum – Gelenk zwischen Seitenteil und Mundstück) fortsetzt und bei Könnern am Spade Bit sanft auf das Maul einwirkt. Wird ein Spade Bit zu hart angefaßt, treten brutale Hebelkräfte am Gaumen und in der Kinngrube auf.

Der hohe, spatenförmige Aufbau des Mundstücks dient dazu, dem Pferd am Gaumen eine Einwirkung rechtzeitig anzukündigen, lange bevor der volle Druck des Gebisses einsetzt. Das heißt also, daß das Pferd die Möglichkeit hat, sich frühzeitig auf die Gebißwirkung vorzubereiten und ihr bei Einsetzen sofort nachzugeben. Diese stufenweise Impulstechnik unterscheidet das Spade Bit deutlich von anderen Westernstangen.

Das Spade Bit ist generell **einhändig** zu reiten, da es bei beidhändiger Zügelführung verkanten und das Maul verletzen kann. Es ist also nur ein Gebiß für Reiter und Pferde, die die Verständigung über Gewichtshilfen und minimale Zügelimpulse beherrschen. Für solche allerdings ist das Spade Bit ein sehr feines und auch pferdefreundliches Gebiß. Man sollte hier jedoch nie vergessen, daß der Ausbildungsstand eines Westernpferdes, das im Spade Bit geht, dem eines S-Dressur-Pferdes in der Klassik entspricht.

Half-Breed Bit

Eine weitere Gruppe von Gebissen, die im kalifornischen Westernreiten entwickelt wurde, sind die Half-Breed Bits. In ihrer Wirkung ähneln sie dem Spade Bit, da auch sie in die Gruppe der **Highport Bits** (Gebisse mit hohem Mundstück-Aufbau) einzuordnen sind, die eine Kombination aus Gaumen- und Unterkiefer-Wirkung bieten. Jedoch ist der Aufbau des Mundstückes nicht ganz so hoch wie beim Spade Bit, auch nicht ganz so voluminös. Folglich ist das Verletzungsrisiko im Maul bei unsachgemäßem Gebrauch nicht ganz so groß, zudem wird das Half-Breed Bit von Pferden mit kleinem oder flachem Maul lieber angenommen als das Spade Bit.

Das Mundstück des Half-Breed Bit hat keine Zungenfreiheit und wirkt so verstärkt auf die Zunge. Dies bewirkt bei zu starkem Einsatz der Hebelwirkung ein Aufrollen (auch Überflexen genannt) des Pferdes, da es versucht, sich der Gebißeinwirkung durch Verkriechen hinter den Zügel zu entziehen. Allerdings ist die Hebelwirkung beim Half-Breed Bit nicht so groß wie beim Spade Bit, da Ober- zu Unterbaum hier nur ein Längenverhältnis von 1,5:2 aufweist.

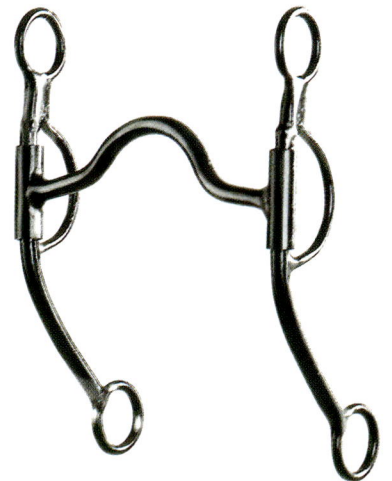

Linke Spalte: Highport Bit.

Gebisse

Salinas Bit, Mona-Lisa Bit

Ende der 30er bis Anfang der 40er Jahre kam das Half-Breed Bit aus der Mode und wurde durch eine Modifikation des Spade Bit abgelöst, dem Salinas oder auch Mona-Lisa Bit. Beide sind eigentlich Entschärfungen des Spade Bits. Das Mundstück selbst ist in beiden Fällen eine Stange mit sehr hoher Zungenfreiheit, in die eine Kupferrolle (cricket) eingearbeitet ist. Diese Kupferrolle bildet entweder mit dem Mundstück eine Linie, oder sie ist höher eingesetzt, so daß sie eine gewisse Zungenfreiheit einräumt (Salinas Mouth). Beim Mona-Lisa Bit ist die Kupferrolle immer höher gesetzt und gegen die Zunge durch das Mundstück nochmals abgeschirmt. Bei beiden Gebissen wird die Kupferrolle zum Gaumen hin wie beim Trainingsgebiß von einer Kupferkappe abgedeckt.

Weiterhin gehören beide Gebisse in die Kategorie der **Loose-Jaw Bits;** das Mundstück ist mit den seitlichen Anzügen über Gelenke nur lose verbunden. Diese lockere Verbindung ist für die Wirkung der Gebisse wichtig, da die „Gelenk-Aktion" dem Pferd die Gebißeinwirkung ankündigt.

Worin also unterscheiden sich Salinas- und Mona-Lisa Bit vom vorher beschriebenen Trainingsgebiß? In allererster Linie ist die Größe des Aufbaus auf dem Mundstück verschieden. Bei den kalifornischen Gebissen fällt er deutlich voluminöser aus als beim Trainingsgebiß. Das Salinas und das Mona-Lisa Bit wiegen beide ähnlich viel wie das Spade Bit, das Trainingsgebiß ist dagegen deutlich leichter, da es ja als Übergang zwischen Trensen- und Stangenzäumung gedacht ist. Auch ist das Hebelverhältnis von Ober- zu Unterbaum bei den kalifornischen Gebissen unter Umständen etwas schärfer ausgelegt.

Salinas, Half-Breed und Mona Lisa Bit sind nur für den Einsatz beim voll ausgebildeten Westernpferd geeignet. Keinesfalls dürfen sie während der vorausgehenden Ausbildungsphasen eingesetzt werden.

Korrektur- und Spezialgebisse

Speziell bei Schwierigkeiten mit den ungebrochenen Gebissen sollte sich der Reiter überlegen, woher diese rühren, denn besonders bei Gebissen mit Hebelwirkung müssen diese Probleme an der Wurzel gelöst werden. Ein Herumkurieren an Symptomen wird immer nur eine zeitweilige Verbesserung bringen, aber nie eine tatsächliche Lösung und Erleichterung für das Pferd.

> Alle Korrektur- und Spezialgebisse sind doch meist nur nachgeschaltete Hilfsmittel zur Lösung eines anderswo entstandenen Problems.

Auch bei Stangengebissen gibt es die verschiedensten Zusätze zum Mundstück, die sich findige Gebißhersteller einfallen lassen. Man sollte sich gut überlegen, ob diese dem Pferd wirklich helfen. Es werden Gebisse mit Spielern, Röllchen oder auch Flötentrensen für Luftkopper angeboten, die angeblich Abhilfe bringen. Es kommt sicherlich jeweils auf einen Versuch an. Auch den Zungenstreckerlöffel gibt es für Stangengebisse. Allerdings hat sich in der Praxis eher der Wechsel zu einem **Gebiß mit Zungenfreiheit** als der Einsatz eines solchen Löffels bewährt. Die meisten Pferde versuchen bei einem Gebiß mit Zungenfreiheit nicht mehr, dem deutlichen Druck auf die Zunge auszuweichen, weil er einfach nicht mehr so groß ist.

Zum Thema Korrekturgebisse ist nur festzustellen, daß die beste Korrektur über ein Gebiß immer der Wechsel zu einem milderen Gebiß ist oder auch der vorübergehende Wechsel zu einer gebißlosen Zäumung (siehe S. 54). Man muß einfach ausprobieren, welche Gebisse und welches Material dem Pferd besonders gut oder auch gar nicht gefallen. Hier läßt sich keine allgemeingültige Regel aufstellen.

> Wichtig ist, daß für viele Gebisse das Pferd einen bestimmten Ausbildungsstand erreicht haben muß, um die Einwirkung des Gebisses zu verstehen. Legt man dem Pferd gedankenlos irgendein Mundstück ins Maul, so kann es nur zu Mißverständnissen kommen.

Steigergebiß

Auch wenn man es im ersten Moment vielleicht vermuten könnte, das Steigergebiß ist kein altertümliches Reitgebiß, sondern ein Hilfsmittel, das nur zum Führen sehr heftiger Pferde (zumeist Hengste) entwickelt wurde. Es handelt sich um einen metallenen Ring, der im Pferdemaul durch seine konvexe Biegung im Mundstückbereich extrem auf die Zunge einwirkt. An beiden Seiten hat er kleine Ösen zum Einschnallen eines Kopfstückes, am unteren Ende findet sich eine dritte Öse, in die der Führstrick oder die Führkette eingehängt wird.

Das Steigergebiß ist auch beim Führen mit Vorsicht zu genießen, denn eigentlich wirkt es aufgrund seiner Form nur dann korrekt, wenn das Pferd den Kopf sehr hoch trägt. Ansonsten wirkt das Steigergebiß eigentlich nur auf das Genick und kann manche Pferde so erst recht zum Steigen veranlassen.

Peruanische Gangpferdestange

Nachdem immer mehr peruanische Pasos nach Deutschland importiert werden und hier als Gangpferdealternative zum Isländer bzw. zum Westernreiten angeboten werden, wird es nicht mehr lange dauern, bis sich auch dieses Gebiß in der Freizeitreitbranche durchsetzt. Diese spezielle Stange hat ein vollkommen gerades Mundstück ohne Zungenfreiheit. Auf diesem Mundstück ist ein Aufsatz zu finden, der leicht schräg nach hinten (in Rachenrichtung, nicht in Gaumenrichtung) weist und als Zungenstrecker dienen soll. Darüber hinaus weist die Stellung dieses Aufsatzes dem Kopf des Pferdes den Weg in die Höhe. Der Paso soll ja in hoher Aufrichtung und nicht mit der Nase in der Senkrechten gehen.

Die seitlichen Anzüge sind lose eingehängt. Dies ermöglicht eine beidhändige Zügelführung, wenn das Pferd noch nicht voll ausgebildet ist. Normalerweise wird der fertige Paso, wie das Westernpferd auch, einhändig geritten. Die Unterbäume sind wie bei Ellbogen- und S-Kandare nach hinten weggebogen, so daß das Pferd sie nicht mit den Lippen fassen und festhalten kann. Dies bedeutet außerdem, daß auch die peruanische Gangpferdestange zu den milderen Stangengebissen zählt. Am unteren Ende der Anzüge befindet sich, im Gegensatz zu der bekannten Distanzstange, eine Distanzkette. Sie soll vermeiden, daß die Anzüge bei einseitigen Zügelhilfen verkanten und eine Nußknackerwirkung im Maul ausüben. Ob eine Kette allerdings in jeder Situation dieser Aufgabe gerecht werden kann, ist fraglich.

Die Kinnkette wird auch bei dieser Stange wie bei den anderen Westernstangen bzw. Kandaren mit Kette in die dafür vorgesehenen Haken eingehängt. Leider sieht man an diesen Gangpferdestangen immer wieder nicht flach ausgedrehte Kinnketten. Sie können dem Pferd schmerzhafte Verletzungen in der Kinngrube beibringen. Im Zweifelsfall sollte man ruhig probieren, eine solche Kette gegen eine klassische Kandarenkette auszutauschen.

Gebißlose Zäumungen

Rechte Seite: Ein Bosal mit Mecate.

Da in den letzten Jahren in vielen Bereichen des Freizeitreitens die Diskussion um den Sinn oder Unsinn von gebißlosem Reiten neu entbrannte, sind hier kurz gefaßt einige allgemeine Überlegungen zum Thema im voraus angebracht. Leider werden die Meinungen zu diesem Thema wie zu den gebräuchlichen Zäumungsarten zwar oft mit viel Überzeugung, aber leider auch mit mangelnder Sachkenntnis vorgetragen; hieraus können leicht Mißverständnisse entstehen, die in der Praxis gefährlich werden und ziemlichen Schaden anrichten können.

> Alle diese Zäumungen beruhen in ihrer Wirkung auf Druckimpulsen unterschiedlicher Art. Deshalb gilt grundsätzlich für das Reiten mit der gebißlosen Zäumung: Hände weg vom anstehenden Zügel, wie er bei den klassischen Trensengebissen üblich ist: Konstanter Zug bewirkt konstanten Druck, der das Pferd abstumpft und so der Zäumung die Grundlage zum Wirken entzieht.

Die meisten gebißlosen Zäumungen sind eigentlich als reine **Ausbildungszäumungen** entwickelt worden. Sie dienen dazu, junge Pferde einzureiten und zu schulen, während das Pferdemaul geschont und sensibel gehalten wird. Gerade in dieser Phase muß das Pferd aufgrund mangelnden Gleichgewichts unter Umständen noch den einen oder anderen Rumpler durchstehen, der über ein Gebiß sehr schmerzhaft ins Maul wirken würde. Folglich sollten gebißlose Zäumungen eigentlich – zur Sicherheit des Pferdes wie auch des Reiters – nur auf einem fest eingezäunten Platz eingesetzt werden, wo als Notbremse im Ernstfall der Zaun dienen kann.

Ein gebißlos gehendes Pferd sollte besonders darauf geschult werden, auf die leisesten Hilfen des Reiters zu lauschen und mit dem Reiter zusammenzuarbeiten. Nur mit intensiver Ausbildung von Reiter und Pferd erreicht man das Maß von Vertrauen und Verläßlichkeit, das gewährleistet, daß ein Pferd auch im Gelände ohne Gebiß geritten werden kann.

All dies sollte man bedenken, wenn man sich für eine gebißlose Zäumung entscheidet. Dementsprechend darf eine solche Zäumung keinesfalls zum Ausprobieren im offenen Gelände verwendet werden. Bevor es mit dem Pferd ins Gelände geht, muß zuerst ausgiebig auf dem Platz geprüft werden, inwieweit Reiter und Pferd sich mittels dieser Zäumung verständigen können.

Übersicht über die verschiedenen Zäumungen

Bosal: Amerikanische und Peruanische Ausführung

Die amerikanische Ausführung des Bosals ist in Deutschland wohl am bekanntesten. Schließlich ist das Westernreiten hierzulande schon länger verbreitet als das Gangpferdereiten, das erst seit einigen Jahren immer mehr Anhänger findet. Das Bosal, auch **klassische Hackamore**

Gebißlose Zäumungen

Bosal.

genannt, gehört zu den sanfteren gebißlosen Zäumungen. Es besteht aus einem meist aus Rohhaut (ungegerbtes Leder) geflochtenen Lederring, der auf dem knöchernen Teil des Nasenbeins aufliegt und durch Backenstücke und Genickriemen in Position gehalten wird.

Nur dieser **Lederring** ist das eigentliche Bosal, diese Benennung für die komplette Zäumung zu verwenden ist falsch. Es gibt das Bosal in den verschiedensten Stärken. Meist beginnt man bei jungen Pferden mit einer Dicke von etwa $^3/_4$ Zoll, das sehr sanft mit dem Pferd umgeht. In Verbindung mit Western-Hilfszügeln werden zur Korrektur auch lediglich bleistiftstarke Bosal eingesetzt, die sehr punktuell wirken. Dieses dünne Bosal markiert den Endpunkt der Ausbildung mit dieser Zäumung und wird zum Abschluß in Kombination mit Gebiß verwendet, um dem zu schulenden Jungpferd die Gebißhilfe über die bereits bekannte Bosalhilfe verständlich zu machen.

Das Bosal läuft v-förmig in einer Verdickung unter dem Unterkiefer aus. Hier wird mit mehreren Windungen der Zügel, die **Mecate** befestigt. Diese Art der Zügelbefestigung, bei der beide Zügel zum gleichen Punkt laufen, bedingen Art und Wirkung der Zügelführung im Bosal. Diese Zäumung wirkt auf das Nasenbein des Pferdes, gleichzeitig auch auf den seitlichen Kiefer und das Kinn. Da das Bosal im Bezug auf die Einwirkung eher sanft, also einem Halfter vergleichbar ist, erfordert das Arbeiten mit dieser Zäumung eine grundlegende Schulung sowie das Beherrschen aller reiterlichen Hilfen im korrekten Zusammenspiel. Die Zügelhände stehen tief. Geritten wird mit nur leichtem Kontakt im sogenannten **Pull-and-Slack-Verfahren,** d.h. mit kurzem Annehmen und Nachgeben des Zügels. Zum Wenden gibt man richtungweisende Impulse auf den entsprechenden Zügel, wobei die Hand in die Wendung weist. Die eigentlichen Hilfen zur Wendung aber kommen nicht von der Zügelhand, sondern aus der Gewichtsverlagerung. Die besten Voraussetzungen für den erfolgreichen Einsatz des Bosals bringen solche Pferde mit, die bereits in der Bodenarbeit gelernt haben, den leisesten Impulsen und Hilfen zu folgen und entsprechend auszuweichen.

> Das Bosal wird vor allem beim Einreiten und in der Grundausbildung junger Pferde eingesetzt. Es gehört demnach auf einen fest eingezäunten Platz und nicht ins Gelände.

Verschiedene Mecaten.

Abschließend noch ein Tip zum Reiten mit amerikanischem Bosal: Da die Mecate in der Regel ein aus Pferdehaaren (heute auch aus Hanf) geflochtener, sehr **stacheliger** Zügel ist, sollte man mit **Handschuhen** reiten. Keinesfalls sollte die Mecate gegen ein glattes Exemplar ausgetauscht werden. Die Stacheligkeit erleichtert es dem Jungpferd, das Anlegen des Zügels an den Hals richtig zu interpretieren und darauf zu reagieren.

Die **Fiadore** ist eine Ergänzung dieser Zäumung. Es handelt sich um ein leichtes Band, mit dem die knotenähnliche Verdickung des Bosals, über der die Mecate befestigt ist, am Genickstück fixiert wird. So kann sie nicht gegen das Kinn des Pferdes schlagen.

Die peruanische Ausführung des Bosals sieht vollständig anders aus. Hier ist das verstärkte Ledernasenband im Kopfstück integriert, in das entsprechende Rundzügel aus **glattem** Material eingeschnallt werden. Das peruanische Bosal wirkt eigentlich nur auf das Nasenbein ein. Es verfolgt ja auch ein anderes Ausbildungsziel als das amerikanische Bosal. Es soll dem Pferd die bei Gangpferden gewünschte hohe Aufrichtung bei gleichzeitiger Flexibilität der Halsmuskulatur in Wendungen vermitteln. Daher wird es vor allem von Gangpferdereitern benutzt. Die Verwendung sollte man sich nur von entsprechenden Trainern vermitteln lassen.

Lindel, Sidepull

Auch diese in den USA entwickelte gebißlose Zäumung gehört in die Gruppe der milderen Handwerkszeuge. Es handelt sich um ein halfterähnliches Kopfstück. Der Nasenriemen besteht aus gewachstem Lassoseil, das eine sehr punktuelle Wirkung auf die Nase ausübt. Der als Gegenlager wirkende Kinnriemen sollte grundsätzlich aus weichem Leder sein; ungepflegtes Leder wird hart und kann böse Scheuerstellen im Kinngrubenbereich verursachen. Die Backenstücke des Kopfgestells sind am unteren Ende v-förmig geteilt und an zwei Stellen des Nasenbandes befestigt, so daß eine gut seitwärtsführende Wirkung entsteht – daher der in den USA gebräuchliche Name **Sidepull**.

Geritten wird das Lindel mit nur leichtem Kontakt am Zügel. Richtungsweisende Hilfen werden über seitliches Herausführen der jeweiligen Zügelhand gegeben. Wie beim Bosal sollte hier im **Pull-and-Slack-Verfahren** geritten werden, damit kein Dauerzug entsteht.

Das Lindel wird vor allem bei der Ausbildung junger Pferde eingesetzt, und zwar zu dem Zeitpunkt, zu dem das Pferd mit hohem Kopf und deutlich vor der Anlehnungshaltung geht. Mit dieser Zäumung kann ein Pferd gut in die Dehnungshaltung nach vorwärts-abwärts geritten werden. Völlig ungeeignet dagegen ist das Lindel für Pferde, die aus Faulheit oder auch aufgrund ihres Gebäudes dazu neigen, auf der Vorhand zu laufen oder sich auf die Hand zu legen. Bei solchen Pferden hat der Reiter mit dem Lindel nicht die gewünschte Einwirkung und nicht mehr Einflußmöglichkeit als mit einem normalen Halfter.

Im Korrekturbereich kann das Lindel ebenfalls erfolgreich eingesetzt werden, und zwar wenn ein Pferd aufgrund übermäßiger Gebißeinwirkung das Vertrauen in die Reiterhand verloren hat. Mit Lindel kann es sich wieder an die Zügelhand herantasten und gleichzeitig lernen, an die Reiterhilfen schwungvoll heranzutreten. Für Geländeritte ist das Lindel jedoch nicht geeignet, da man im Panikmoment nicht mehr Einfluß auf das Tier hat als mit einem Stallhalfter. Dies haben verschiedene Tierhalterhaftpflicht-Versicherungen bereits erkannt und jegliche Haftung ausgeschlossen, falls mit einer solchen Zäumung im Gelände ein Unfall passiert.

Sidepull.

Gebißlose Zäumungen

Mechanische Hackamore

Bei der mechanischen Hackamore handelt es sich um die schärfste aller im Handel erhältlichen gebißlosen Zäumungen. Ein Blick auf die Herkunft dieser Zäumung verdeutlicht den Einsatzbereich und die Risiken besser als so mancher gut gemeinte Rat. Die mechanische Hackamore wurde beim Rodeoreiten entwickelt. Mit dieser Zäumung war es möglich, solche Rodeopferde weiterhin einzusetzen, die aufgrund der extremen Gebißeinwirkung ein absolutes Eisenmaul entwickelt hatten. Sie ist also eigentlich ein Notbehelf, um Pferde, die ansonsten körperlich noch rodeotauglich waren, nicht aus dem Einsatz nehmen zu müssen. Das Einsatzgebiet hat sich aber in heutiger Zeit deutlich gewandelt.

Der flexible Nasenbügel dieser Zäumung besteht meist aus einer Metallkette, die mit Gummi überzogen ist. Seitlich ist er über Gelenke mit den Anzügen verbunden. Diese Anzüge sind am oberen Ende am Kinnriemen befestigt, am unteren Ende werden sie über eine Distanzstange zusammen gehalten. Die Hackamore wird mit dem Kopfstück in ihrer Lage fixiert, nämlich auf dem **knöchernen** Teil des Nasenrückens. Wenn sie korrekt verschnallt ist, liegt sie mindestens vier Finger breit oberhalb der Nüstern. Kippt der Nasenbügel leicht herunter, sollte man ihn mit einem Bändchen am Stirnband des Kopfstücks befestigen, damit die Einwirkung der mechanischen Hackamore immer auf dem knöchernen Teil des Nasenbeins stattfindet, nie auf dem darunterliegenden knorpeligen Teil.

Die Wirkung der mechanischen Hackamore beruht auf einer Kombination aus Druck- und Hebelkräften.
- Druck auf das Nasenbein
- Durch Hebelwirkung Druck in der Kinngrube
- Durch Hebelwirkung Druck auf das Genick

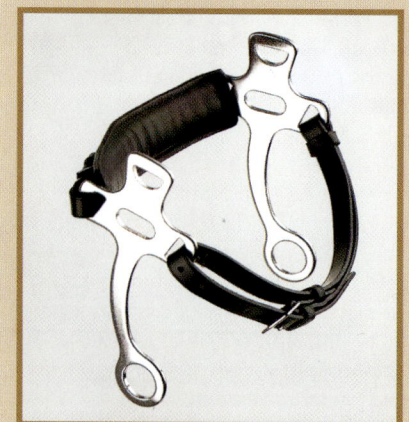

Hackamore.

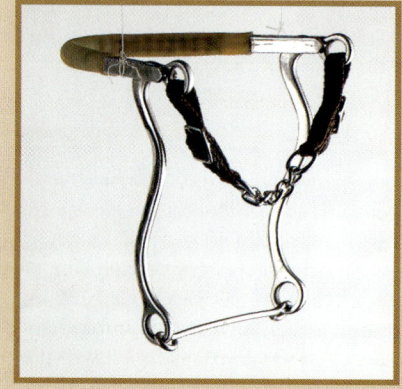

Roy-Hackamore mit geflochtenem Nasenband.

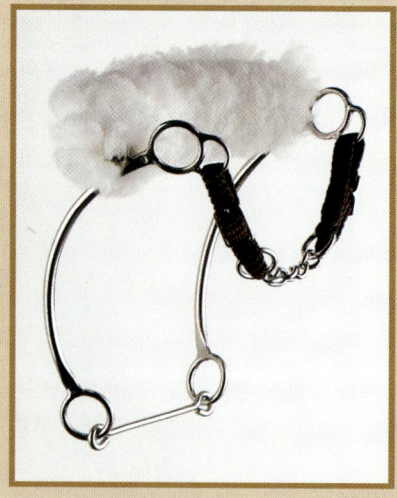

Kombi-Hackamore.

Die Zügelführung in der mechanischen Hackamore ist grundsätzlich **einhändig am losen Zügel.** Gelenkt und gewendet wird das Pferd über Gewichtshilfen und sauberes Neckreining, das heißt Anlegen des Zügels am Hals, kein Darüberspannen. Bei beidhändiger Zügelführung würde diese Zäumung, da sie in sich sehr beweglich ist, verkanten und dem Pferd Schmerzen an der seitlichen Kieferpartie – genau im Bereich der Backenzähne – zufügen, die es ohne weiteres zum Steigen veranlassen können.

Bei korrektem, gefühlvollem Einsatz der mechanischen Hackamore können durch den geschulten Reiter bei verrittenen Pferden wahre Wunder vollbracht werden. Der Einsatz ist daher sinnvoll bei Pferden, die im Maulbereich verletzt wurden und deshalb gebißlos, aber mit einer schärferen Zäumung geritten werden müssen, weil sie beispielsweise auch im Gelände gehen. Auch Pferde, die gelernt haben, sich dem fortgesetzten Zerren am Gebiß und den daraus entstehenden Schmerzen im Maul, Hals und Rücken durch Durchgehen zu entziehen, können damit korrigiert werden, allerdings nur von einem geschulten Reiter, der Erfahrung in der Korrektur von Problempferden mitbringt.

> Der Freizeitreiter darf allerdings nie vergessen, daß er mit dieser Zäumung ein Werkzeug in Händen hält, mit dem er seinem Pferd bei falscher Handhabung und Verschnallung auf die brutalste Art und Weise – mit einer Kräfteübersetzung von 1:4 – Schmerzen zufügen und es somit unter Umständen dauerhaft verderben kann.

In der Hand eines sensiblen Reiters mit zügelunabhängigem Sitz ist die mechanische Hackamore eine sinnvolle Korrekturzäumung, die auch bei Gelände-Problempferden eingesetzt werden kann. In die Hände eines Anfängers bzw. eines Reiters

Eine englische Hackamore, wie sie häufig im Springsport eingesetzt wird. Von der FN zwar erlaubt – trotzdem nicht zur Nachahmung empfohlen.

ohne Erfahrung im einhändigen Reiten gehört sie dagegen keinesfalls. Bei unvorsichtigem Einsatz lernen die Pferde sehr schnell, dem Schmerz auszuweichen, indem sie steigen. Der Reiter wird dann sofort mit der Hand vorgehen, um zu vermeiden, daß das Pferd sich rückwärts überschlägt. Das ist richtig so, und so hat man es auch gelernt. Für das Pferd bedeutet dies, daß, wenn es steigt, der Schmerz auf der Nase nachläßt. Passiert dies einige Male mit dieser Zäumung, so hat man garantiert ein Pferd zum Steiger erzogen, das sich zukünftig gegen jede Hilfe, die ihm unangenehm ist, mit Steigen wehren wird.

Vosal

Das Vosal ist eine ebenfalls aus den USA stammende Ausbildungs- und Korrekturzäumung, die im Prinzip – wenn auch stark vereinfachend – als das Gegenstück zum Lindel definiert werden kann. Das Nasenstück des Vosal besteht aus einer mit Leder überzogenen Metallspange, in

Gebißlose Zäumungen

die seitlich zwei sehr weiche Lederriemchen eingeschnallt werden. Diese Riemchen wiederum enden in zwei Metallröhrchen, die unter dem Unterkiefer durch einen Ring zusammengefaßt werden und ein V bilden. In diesen Ring werden die Zügel eingeschnallt. Die Zügelführung beim Vosal ähnelt der beim amerikanischen Bosal. Es wird im Pull-and-Slack-Verfahren geritten, jedoch mit einer sehr sensiblen Zügelhand, damit die Wirkung des Vosal nicht ins Gegenteil verkehrt wird. Hier wird mit Druck auf das Nasenbein und leichten Impulsen in die Kinngrube gearbeitet.

Eingesetzt wird das Vosal bei genau den Pferden, die sich für den Einsatz des Lindel nicht eignen, nämlich bei jenen, die dazu tendieren, mit tiefem Kopf auf der Vorhand zu laufen. Die leichten Schläge des metallenen V in der Kinngrube veranlassen diese Pferde, den Kopf hochzunehmen und sich beinahe von allein auf der Hinterhand zu tragen. Das erste Ausprobieren eines Vosals sollte immer vom Boden aus und sehr vorsichtig erfolgen. Besonders blütige, nervige Pferde müssen mit der Wirkung erst ausgiebig und in Ruhe vertraut gemacht werden.

Es handelt sich hier also um eine reine **Korrekturzäumung,** die weder für den Dauereinsatz, noch für den Einsatz im Gelände gedacht ist. Nützlich ist das Vosal vor allem bei eher phlegmatischen Pferden, die gerne auf der Vorhand laufen und weniger bei hoch im Blut stehenden, nervösen Pferde, die den Kopf hoch und frei tragen.

Merothisches Reithalfter, Merothische Kombination

Dieses in Deutschland entwickelte Reithalfter ist ebenfalls den sanfteren gebißlosen Zäumungen zuzurechnen. Es besteht aus einer mit Leder überzogenen Metallfeder, die auf der Unterseite mit einer Schaumeinlage abgepolstert ist. Das Nasenrückenteil ist bis zu den abgewinkelten Seitenteilen dieser Feder immer gerade, die Seitenteile der Feder müssen am Ende einen Abstand von ca. 2 bis 3 cm zum Pferdekopf haben, damit die eingearbeitete Feder korrekt arbeiten kann. Dieser Abstand kann durch Biegen der Feder an der Winkelung individuell für jedes Pferd eingestellt werden. Die Feder arbeitet auch nach dem Biegevorgang noch einwandfrei.

Die an dieses Nasenteil anschließenden Zügelriemen überkreuzen sich unterhalb des Mauls als Kinnriemen und enden in Metallringen, in die die eigentlichen Zügel eingeschnallt werden. Beim Verpassen muß darauf geachtet werden, daß der glatte Teil des Leders unter dem Kinn am Pferdekopf anliegt, damit das Reithalfter einwandfrei arbeitet. Wichtig sind auch gut gefettete oder geölte Zügelriemen, damit diese problemlos in den Zügelringen gleiten.

Das Merothische Reithalfter wird immer so verschnallt, daß die Feder auf dem knöchernen Teil des Nasenbeins zu liegen kommt, etwa eine Handbreit oberhalb der Nüstern. Die beim Annehmen der Zügel entstehende Schlingenwirkung am Pferdekopf behindert so nicht die Atmung. Sobald der Zügel gelockert wird, bewirkt die eingebaute Stahlfeder ein sofortiges

Das Vosal. Klar erkennbar ist der Einfluß des Metall-V in der Kinngrube

Halsring

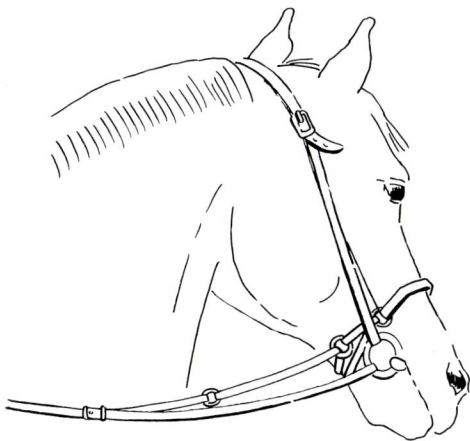

Lösen des Reithalfters. Dem Pferd wird somit wieder volle Kopffreiheit gewährt. Daher wird auch hier, wie bei allen gebißlosen Zäumungen, nur mit leichtem Kontakt und losem Zügel geritten.

Eine weitere Variante und im eigentlichen Sinne keine gebißlose Zäumung ist die **Merothische Kombination,** die zusätzlich zum zuvor beschriebenen Reithalfter ein untergeschnalltes Trensen- oder Stangengebiß ohne Anzüge hat. Dieses Gebiß wird über einen zusätzlichen Riemen am Kopfstück fixiert und mit einem Zügelkoppel mit dem bestehenden Reithalfterzügel verbunden. Je nachdem, wie das Gebiß verschnallt ist, kann der Reiter selbst bestimmen, wie stark die Gebißeinwirkung sein soll. Grundsätzlich sollte der Koppelriemen so verschnallt sein, daß zuerst das Federhalfter zu wirken beginnt und erst im zweiten Schritt die Gebißeinwirkung dazutritt. So hat das Pferd die Möglichkeit, bereits auf die Zügelhilfe zu reagieren, bevor der Druck im Maul auf Zunge und Laden einwirkt.

Besonders diese Merothische Kombination ist mit Sicherheit eine Zäumung, die auch für das Reiten in offenem Gelände geeignet ist. Bei Zäumung auf Merothisches Reithalfter sollte zuvor auf alle Fälle in einer geschlossenen Reitbahn überprüft werden, ob das Pferd mit dieser Zäumung für den Reiter beherrschbar ist. Schließlich ersetzt keine noch so gute Zäumung die korrekte reiterliche Sitzeinwirkung, und je sanfter eine Zäumung ist, desto besser muß diese sein, um ein Pferd in allen Situationen wirklich zu beherrschen.

Halsring

Auch der Halsring gehört im Prinzip zu den gebißlosen Zäumungen. Ein Pferd nur mit einem kleineren Holzreifen oder auch einem stabilen Lassoring um den Hals zu reiten, zu lenken und zu parieren, ist sicherlich interessant, gehört aber auf alle Fälle zu den Varianten, die nur in einer umzäunten Reitbahn und niemals im Gelände verwendet werden. Der Ring wird mit beiden Händen nebeneinander oberhalb des Halses gefaßt und „wie ein Fahrradlenker" bedient. Bei einer Wendung bewegt der Reiter sich mit beiden Händen und dem gesamten Oberkörper in die Wendung, zum Anhalten wird der Ring relativ hoch am Hals angelegt und leicht nach hinten genommen.

Das Reiten mit Halsring einmal auszuprobieren ist reizvoll, jedoch sollte man es nur bei einem ruhigen Pferd versuchen. Außerdem muß ein entsprechendes Vertrauensverhältnis zwischen Reiter und Pferd bestehen. Bei den ersten Versuchen ist es auch sinnvoll, die gewohnte Zäumung anzulegen und den Zügel weit vorn zweifach um den Hals zu schnallen, so daß man im Ernstfall nach vorn greifen und mit dem Gebiß regulieren kann, wenn das Pferd die Hilfen nicht versteht.

Bei aller angerateten Vorsicht ist aber das Reiten mit Halsring nicht nur interessant, sondern gleichzeitig eine erstklassige Schulung für den Sitz und die Einwirkung des Reiters, die eigentlich für jeden Freizeitreiter, der einen Reitplatz zur Verfügung hat, hin und wieder auf dem Programm stehen sollte.

Linke Spalte: Die Merothische Kombination. Hier kann man durch die Verschnallung den Einwirkungsgrad des Gebisses genau festlegen.

Zäume

Rechte Seite: Das Mexikanische Reithalfter behindert – korrekt verschnallt – die Atmung des Pferdes nicht.

Die Entwicklungsgeschichte der Zäume beginnt bereits beim Menschen der Vorzeit, der versuchte, das Wildpferd mit Zäumung, Zügeln und sattelähnlichen Auflagen zu reiten. Schon in dieser Zeit erkannte der Mensch, daß der zahnlose Bereich der Laden wie auch die Kehlkopfregion und die Kinngrube sehr empfindsame Körperteile des Pferdes sind. So entstand als Vorläufer des Zaumzeuges der Halszügel, ein um den Hals des Pferdes gewickelter Riemen. Zum Lenken wurde er wahrscheinlich nach links und rechts bewegt, zum Bremsen wie der heutige Zügel auch verkürzt. Wenn der Reiter an diesem Halszügel zog, ging dem Pferd durch starken Druck auf die Luftröhre buchstäblich die Luft aus, so daß es langsamer werden mußte.

Die Weiterentwicklung dieses Halszügels wurde dann eine Art Riemengestell, das auch den Pferdekopf miteinbezog. Diese Zäumungen lagen besonders im Maulbereich rundherum fest an. Dies kann man schon Abbildungen aus der Sumererzeit entnehmen, auf denen die Zugtiere für ihre Streitwagen abgebildet sind. Hier findet man bereits Ähnlichkeiten mit dem heute noch gebräuchlichen Kappzaum.

Kopfstück

Kopfstücke kann man im wesentlichen in zwei Arten unterscheiden, nämlich in Stirnbandzäume und Einohrzäume. Die Stirnbandzäume finden sowohl in der klassischen wie auch in der Westernreitweise Verwendung. Einzelteile der **Stirnbandzäume:**

- **Genickstück.** Es sollte so breit sein, daß es nicht in die Haut hinter den Ohren einschneidet. Interessanterweise ist das Genickstück bei vielen Westernzäumen oft nur 1 bis 1,5 cm breit, obwohl die benutzten Westernbits ein erheblich höheres Gewicht aufweisen als beispielsweise eine Kandare. Daher ist besonders bei schmalem Genickstück ein korrekt sitzender und genau passender Stirnriemen besonders wichtig, da er das mögliche Einschneiden verhindert.
- **Backenstücke.** Sie sind erheblich schmaler als das Genickstück, in das sie eingeschnallt werden.
- **Stirnriemen.** Er garantiert, daß das Genickstück in korrekter Lage hinter den Ohren liegt. Manche Stirnriemen haben zusätzlich Fransen als Fliegenschutz. Außerdem ist er der Schmuckriemen des Zaumzeuges. Es gibt ihn in den unterschiedlichsten Ausführungen mit zahlreichen Anhängseln, Beschlägen, Beflechtungen usw.
- **Kehlriemen.** Er verläuft im Bereich der Ganaschen und muß so weit geschnallt werden, daß noch eine Hand breit Platz zwischen Kehlgang und Kehlriemen ist. Der Kehlriemen soll verhindern, daß das Pferd den Zaum vom Kopf streift. Über seine Notwendigkeit läßt sich sicherlich streiten, da er bei den Einohrzäumen nicht vorhanden ist.

Laut LPO gehört zum Zaum auch noch das **Reithalfter**. Es wird im folgenden Kapitel behandelt, da es bei vielen Zäumungen nicht zwingend dazugehört, in manchen Reitstilen sogar offiziell als Hilfszügel eingestuft wird.

Zäume

Im Westernreiten ist der **Einohrzaum** bei weitem gebräuchlicher. Hier kommt man mit erheblich weniger Leder am Pferdekopf aus. Dies ist besonders dann von Vorteil, wenn Pferde aufgrund ihrer Veranlagung, des vorherrschenden Klimas oder auch der geforderten Leistung leicht ins Schwitzen kommen, denn jede verschwitzte Hautpartie, die mit Leder bedeckt ist, ist eine potentielle Scheuerstelle.

- **Genickstück.** Es ist üblicherweise ziemlich schmal, meistens nicht breiter als die eingeschnallten Backenstücke.
- **Backenstücke.** Sie sind wie beim Stirnbandzaum mit Schnallen am Genickstück befestigt. Oft ist auch nur ein getrenntes Backenstück vorhanden, da Genickstück und rechter Backenriemen aus einem Stück gearbeitet sind.
- **Ohrschlaufe.** Sie dient wie der Stirnriemen auch dazu, das Kopfstück zu fixieren und so das Gebiß in Position zu halten. Sie ist entweder fest in das Genickstück eingearbeitet oder verschiebbar als eigener Riemen angelegt. Besonders bei den Einohrzäumen mit verschiebbarer Ohrschlaufe sind rechter Backen- und Genickriemen aus einem Stück.

Kandarenzäume gehören grundsätzlich zu den Stirnbandzäumen. Allerdings sind in der Regel Genickriemen und Backenstücke doppelt vorhanden, da zwei Gebisse unabhängig voneinander eingeschnallt werden müssen. Auch zum Kandarenzaum gehört selbstverständlich ein Reithalfter, und zwar normalerweise das englische Reithalfter (siehe S. 66).

Da die meisten Zäume aus schwerem Leder gearbeitet sind, ist die regelmäßige sorgsame Reinigung und Pflege besonders wichtig. Jedes Pferd schwitzt beim Arbeiten auch am Kopf, so daß das Leder des Zaums durch Schweiß schnell hart werden und am empfindlichen Pferdekopf Druck- und Scheuerstellen verursachen kann.

In letzter Zeit finden sich besonders für den Freizeitreiter und sein Pferd auch Kopfstücke aus Kunstfasern, meist **Nylon** oder **Polyamid,** geflochten oder gewebt. Wer sich nicht daran stört, daß es sich um ein künstliches Material handelt, findet hier unverwüstliche Kopfstücke mit unbestreitbaren Pflegevorteilen. Man kann sie jederzeit zusammen mit dem Gebiß abwaschen, wenn sie verschwitzt sind, oder sie auch zwischendurch schnell in die Waschmaschine stecken. Außerdem gibt es diese Kopfstücke auch in den unterschiedlichsten Farben.

Reithalfter

Nach Auffassung der klassischen Reitlehren, vieler Reitlehrer und auch der FN gehört zu jedem Zaum auch ein Reithalfter. Ob dies tatsächlich so notwendig ist, sollte von jedem Reiter zumindest kritisch hinterfragt werden. Andere Reitweisen kommen bei ihren Zäumungen absolut ohne ein Reithalfter aus.

Die Westernreitlehre definiert zum Beispiel das Reit- bzw. Sperrhalfter als „zusätzlich zur üblichen Zäumung angewandtes Halfter, welches das Aufsperren des Pferdemauls bei Beeinflussung durch das Gebiß verhindert", wohingegen ein Satz aus der klassischen Reitlehre besagt, daß „der Nutzen des Reithalfters darin liegt, daß er dem Unterkiefer eine Stütze gibt und damit Schutz gegen Gewalteinwirkung am Kieferknochen selbst, am Kaumuskel und am Kiefergelenk." Betrachtet man beide Aussagen in Ruhe und ohne Polemik, so stellt man fest, daß sie sich nicht einmal unbedingt widersprechen.

Beiden Gedanken ist gemeinsam, daß der Reiter unter Umständen zu große Gewalt auf das Maul des Pferdes ausübt. Die Westernreitlehre geht davon aus, daß ein Pferd hierauf naturgemäß damit reagiert, daß es das Maul aufmacht, um so der Gewalt auszuweichen. Da im Normalfall kein Reit- oder Sperrhalfter verwendet wird, ist dies dem Pferd auch möglich. Also wird

Ein sehr dekorativer Einohrzaum für Shows. Die Verzierungen wurden aus Pferdehaar geknotet (Hitching).

dieses Halfter als Hilfszügel betrachtet, der dann einzusetzen ist, wenn eine solche Verhaltensweise beim Pferd überhand nimmt, das Pferd sich also angewöhnt hat, der Gebißeinwirkung grundsätzlich durch Öffnen des Mauls zu entgehen. Nur dann wird ein Reithalfter eingesetzt.

Die klassische Reitlehre dagegen geht davon aus, daß dem einwirkenden Druck hier ein Gegenlager geboten werden muß, das es dem Pferd erleichtert, sich gegen solche Gewalteinwirkung zu schützen. Hinterfragen muß man allerdings, wie das Pferd vor der Gewalteinwirkung geschützt werden soll, da es ja nicht die Möglichkeit hat, ihr auszuweichen. Der Schutz kann also eigentlich nur darin bestehen, daß das Tier lernt, sich dem Druck zu fügen, bevor er zu groß wird, also ein ähnlicher Lerneffekt bezweckt wird wie in der Westernreitlehre.

> Jeder Reiter muß für sich selbst herausfinden, ob seine Zügelhand und sein Reitstil den Einsatz eines Reithalfters im Freizeitreiten notwendig machen. Sicherlich richtig und wichtig ist es aber bei einer klassischen Kandare, da hier mit dem Reithalfter der Zaum und somit der Sitz beider Gebißteile zusätzlich fixiert werden.

Im offiziellen Sprachgebrauch der FN spricht man von Reithalfter, die Bezeichnung Sperrhalfter wird abgelehnt. Leider verwenden viele Reiter das Reithalfter jedoch genau dafür: dem Pferd das Maul zuzusperren, also zu verhindern, daß es sich der möglicherweise übermäßigen Gebißeinwirkung dadurch entzieht, daß es das Maul aufsperrt. Das Reithalfter, das bereits im vorigen Jahrhundert entwickelt wurde und eigentlich dem Pferd helfen soll, den auf die Laden ausgeübten Druck des Gebisses anzunehmen, ist sicherlich dann korrekt einzusetzen, wenn sich das Entziehen durch Maulöffnen zu einer lästigen Angewohnheit entwickelt. Allerdings muß beim Einsatz eines solchen Halfters immer bedacht werden, daß der Reiter sich so ganz schnell eine harte Hand angewöhnen kann, ohne es selbst zu bemerken.

Da das Pferd bei falsch verpaßtem oder zu eng verschnalltem Reithalfter nicht mehr die Möglichkeit hat, das Maul zu öffnen, kann es so auch nicht mehr darauf aufmerksam machen, daß der Gebißdruck auf Zunge und Laden zu stark wird. Es wird sich dann andere Wege suchen, um der Einwirkung zu entgehen. Möglicherweise wird es sich hinter den Zügel verkriechen oder vielleicht mit dem Kopf schlagen, was dann in der Regel mit dem Einsatz eines weiteren Hilfszügels (meist des gleitenden Ringmartingals) beantwortet wird.

Deutsches Reithalfter

Das Deutsche Reithalfter ist wirklich die einfachste Version unter den Reithalftern und wurde bereits vor 100 Jahren von der Kavallerie eingesetzt. Die Bezeichnung Halfter ist hier eigentlich übertrieben, denn es handelt sich um einen einfachen Lederriemen, der durch die Backenriemen der Trense gezogen wird. Durch die hierfür vorgesehene Schlaufung ist seine Lage am Kopf relativ festgelegt. Er liegt immer korrekt, etwa zwei Finger breit unterhalb des Jochbeins, so daß er an diesem nicht scheuern kann, aber auch weit genug entfernt von den weichen Teilen der Pferdenase.

Leider ist das Deutsche Reithalfter ziemlich aus der Mode gekommen, obwohl es voll ausreichend und korrekt wirkt, ohne viel Leder auf den Pferdekopf zu bringen. Da es unterhalb des Kiefergelenks verschnallt wird, hindert es das Pferd sehr wohl daran, das Maul weit aufzusperren, während die Kautätigkeit nicht eingeschränkt wird, wenn es so

Zäume

weit verschnallt wird, daß zwei Finger zwischen Lederriemen und Pferdekopf passen.

Hannoversches Reithalfter

Im Gegensatz zum Deutschen verdient das Hannoversche sehr wohl die Bezeichnung Reithalfter, da es für sich genommen im Notfall ohne weiteres Halfterfunktion erfüllen kann. Es besteht aus einem Backen- und Genickstück mit einer Schnalle an der Seite zum Einstellen der korrekten Länge am Kopf sowie einem Kinnriemen. Der Nasenriemen ist durch kleine Metallringe am Backenstück befestigt, wie auch die beiden kleinen Kinnriemchenteile, mit denen das Hannoversche Reithalfter in der Kinngrube verschnallt wird.

Es soll am Kopf so verpaßt werden, daß der Nasenriemen auf dem **knöchernen** Teil der Nase liegt, mindestens vier bis fünf Finger breit oberhalb des Nüsternrandes. Der Kinnriemen verläuft unterhalb des Gebisses in der Kinngrube und wird so locker verschnallt, daß mindestens zwei Finger Platz zwischen Kinnriemen und Kinngrube finden. Wird er enger geschnallt, kann das Pferd nicht mehr richtig kauen. Dann verkehrt sich die eigentlich positive Wirkung des Hannoverschen Reithalfters ins Gegenteil, das Gebiß wird nicht mehr angenommen, die Hilfen des Reiters kommen nicht zum Pferd durch. Auch tiefer darf das Hannoversche Reithalfter unter keinen Umständen verschnallt werden, denn dann blockiert es die Atmung des Pferdes und führt im schlimmsten Fall zu akutem Sauerstoffmangel.

Die sicherste und auch beste Verschnallung für das Hannoversche Reithalfter ist eigentlich die – auch von der LPO akzeptierte – englische Verschnallung, bei der die Backenriemen so weit verkürzt werden, daß der Nasenriemen an der Stelle zu liegen kommt, an der auch das Deutsche Reithalfter verschnallt wird. Auch das Hannoversche Reithalfter wird dann unter den Backenriemen hindurch geführt und direkt am Pferdekopf so verschnallt, daß mindestens zwei Finger zwischen Lederriemen und Pferdekopf passen. So kann das Hannoversche Reithalfter auch für den Einsatz von Kandarengebissen oder Stangengebissen mit Hebelwirkung verwendet werden. Bei der ursprünglichen Verschnallung über dem Gebiß würde es ja die Hebelwirkung des Gebisses behindern.

Englisches Reithalfter

Das Englische Reithalfter versperrt dem Pferd niemals die Atmung, da es weit oben am Pferdekopf auf dem knöchernen Teil der Nase verschnallt wird. Es sollte deshalb – wenn schon mit Reithalfter geritten werden muß – bevorzugt eingesetzt werden. Es besteht aus dem verstellbaren Kopfstück und einem breiten, gut gepol-

Bei diesem Hannoverschen Reithalfter sollte der Nasenriemen etwas höher liegen.

Englisches Reithalfter

Für Kandarenzäumungen darf nur das Englische Reithalfter eingesetzt werden. Alle anderen Reithalfter würden die Wirkungsweise der Gebisse beeinträchtigen.

sterten Nasenriemen. Dieser muß etwa zwei bis drei Finger breit unterhalb des Jochbeins liegen.

In Deutschland ist das Englische Reithalfter in der Kandarenzäumung das gebräuchlichste, da es durch die Verschnallung nicht mit den seitlichen Anzügen des Kandarengebisses kollidiert. Der Nasenriemen muß immer so weit geschnallt werden, daß mindestens zwei Finger Platz zwischen Nasenriemen und Pferdekopf haben. Ansonsten wird die Kautätigkeit behindert.

Eine Variante des Englischen Reithalfters ist das **Kombinierte Reithalfter.** Bei dieser Version verläuft ein – meiner Meinung nach überflüssiger – zusätzlicher **Sperriemen** durch eine kleine Schlaufe am Nasenriemen. Er wird wie das Hannoversche Reithalfter über das Trensengebiß hinweg in der Kinngrube verschnallt. Diese Variante ist dem einen oder anderen Leser vielleicht auch bekannt als **Irisches Reithalfter.**

Mexikanisches Reithalfter

Das Besondere am Mexikanischen Reithalfter, auch **Kreuzbandhalfter** genannt, ist der sich auf der Nase kreuzende Sperriemen. Dieser besteht entweder aus zwei einzelnen Riemchen, die sich, durch eine Rosette oder sonstige Vernähung fixiert, auf der Nase kreuzen und dann sowohl unterhalb der Backenknochen unter dem Unterkiefer wie auch in der Kinngrube verschnallt werden, oder aus einem langen Riemen, der sich auf dem Nasenrücken kreuzt und in der Kinngrube verschnallt wird. Dieses Reithalfter hat sich heute im internationalen Springsport so weit durchgesetzt, daß fast kein anderes Reithalfter mehr im Einsatz ist.

Sein Vorteil besteht darin, daß es so verschnallt werden kann, daß die Maultätigkeit und die Wirkung des Gebisses nicht beeinflußt werden.

Amerikanisches Sperrhalfter

Das Amerikanische Sperrhalfter (es bekennt sich im Gegensatz zu den bisher beschriebenen Exemplaren schon vom Namen her zu seiner Funktion und Wirkung) ist das einzige Reithalfter, das nicht in das Zaumzeug eingeschnallt, sondern eigenständig am Pferdekopf angelegt wird. Es wird daher mit Sicherheit nur als entsprechendes Hilfsmittel genutzt und bekommt nicht aus Bequemlichkeit den Status einer Dauereinrichtung.

Das Nasenband des Amerikanischen Sperrhalfters besteht aus rundgedrehtem Rohleder und ist etwa 0,5 cm dick. Es übt daher einen ausgesprochen punktuellen Druck auf die Pferdenase aus, sobald das Pferd versucht, das Maul zu weit zu öffnen. Sobald es das Maul wieder schließt, verschwindet dieser Druck sofort, da da Nasenband sehr steif ist und dadurch in Form bleibt.

In den USA wird hin und wieder auch das **Pencil Bosal**, also das nur bleistiftdicke Bosal, als Sperrhalfter des **Tie-Down** (amerikanisches stehendes Martingal) eingesetzt. Es wirkt ähnlich punktuell wie das Amerikanische Sperrhalfter, liegt allerdings aufgrund seiner Tropfenform verstärkt seitlich am Pferdekopf an. Dies irritiert manche Pferde.

Es gibt auch eine noch dünnere Ausführung des Pencil-Bosals. Hier handelt es sich um eine Drahtschlinge, die mit einem Kunststoffschlauch überzogen ist. Dies ist die härteste Form des im Tie-Down verwendeten Nasenriemens, die auch als Sperrhalfter genutzt werden könnte.

Zügel

Die Zügel werden, obwohl sie die direkte Verbindung zwischen Reiterhand und Pferdemaul bilden, oft sträflich vernachlässigt. Auch hier gibt es Unterschiede zwischen der klassischen Reitweise und

Linke Seite: Englisches Reithalfter mit Sperriemen, der jedoch die Einwirkung des Gebisses stören kann.

Zäume

dem Westernreitstil, da beide den Zügeln eine unterschiedliche Bedeutung beimessen.

In der **klassischen Reitweise** findet man drei verschiedene Zügelmaterialien, nämlich Leder, Gurtband und Gummi. Man benutzt ausschließlich geschlossene Rundzügel, für Trensenzäume in etwa 2 bis 2,5 cm Breite. Bei Kandarenzäumen sind die Zügel nur 1 bis 1,5 cm breit, da hier mit zwei Zügeln je Reiterhand geritten wird.

Der reine Lederzügel ist heute nur noch selten zu finden, da er, wenn er regen- oder schweißnaß wird, zu rutschig ist. Er ist deshalb normalerweise geflochten oder hat aufgenähte Griffstopper. Reine Gurtzügel sind beinahe noch seltener als reine Lederzügel, obwohl sie deutlich griffiger sind. Auch ihr geringes Gewicht ist in der klassischen Reitweise eigentlich kein Fehler, da der Zügel auf Kontakt gefaßt wird und somit nicht schlackern kann. Am häufigsten findet man den kombinierten Lederzügel mit Gurtgriffstück. Dieser ist dann meist auch noch mit aufgenähten Lederstegen versehen. Der Gummizügel ist eigentlich ein Lederzügel, der zur besseren Griffigkeit mit einem Gummischlauch überzogen ist.

Keine der vorgenannten Materialkombinationen findet in der **Westernreitweise** Verwendung, da aufgrund des geringen Eigengewichtes keine von ihnen für das Reiten am losen Zügel geeignet ist. Ist ein Zügel hier nämlich zu leicht, beginnt er sehr schnell zu schwingen oder gar zu schlenkern. Diese Eigenbewegungen des Zügels übertragen sich dann auf das Gebiß, so daß es unspezifische Signale ins Maul abgibt, mit denen ein geschultes Westernpferd nichts anfangen kann. Es würde versuchen, diese Signale wie Zügelimpulse zu interpretieren und wahrscheinlich verunsichert werden. Dies bedeutet also, daß solch leichte Zügel immer mit einer stetigen Anlehnung und Kontakt zum Gebiß geritten werden müssen.

Bei Westernzäumungen findet man den geschlossenen Rundzügel eher selten. Dieser Zügel, mit offiziellem Namen **Romal Reins** genannt, hat eine peitschenartige Verlängerung, das Romal. Er gehört zu den kalifornischen Zäumungen. Die zweite, häufiger anzutreffende Zügelvariante der Westernreitweise ist der offene Zügel, die sogenannten **Split Reins.**

Auch bei Westernzügeln gibt es in erster Linie drei Materialien, und zwar Leder, Nylon und ähnliche Fasern sowie Zügelketten aus Metall. Der Westernzügel soll vor allen Dingen schwer sein, damit er gut in der Reiterhand liegt, ohne großartige Eigenbewegungen zu vollführen. Dies bedingt einen breiteren oder dickeren Lederzügel, der bei kalifornischen Zäumungen (Spade Bit, Salinas Bit, Half Breed Bit und Mona-Lisa Bit) meistens mit einer entsprechenden Zügelkette kombiniert wird. Dieses Kettenstück erhöht zum einen das Eigengewicht des Zügels und leitet zum zweiten über die einzelnen Kettenglieder die Zügelhilfen graduell weiter.

Der Westernreiter unterscheidet zwischen Zügeln für ein fertiges Pferd, wie bei den kalifornischen Zäumungen, und sogenannten Trainingszügeln für das Pferd in der Ausbildung. Letztere werden vor allen Dingen in Umstellungsphasen auf das Neckreining, also das Reiten mit einer Hand, eingesetzt. Sie sind daher besonders breit und schwer, damit das Anlegen des Zügels am Hals vom Pferd klar und deutlich verstanden wird. Gerade Trainingszügel sind oft aus Textilmaterial, also beispielsweise geflochtenem oder gewebtem Nylon. Sie sind sehr schwer, geben aber aufgrund ihrer Struktur leicht nach, da ja Flechtung oder Webung immer bis zu einem gewissen Grad dehnbar sind.

Ein Sonderfall unter den Westernzügeln ist die **Mecate,** der Zügel des Bosals. Dieses lange Hair Rope, ein aus Pferdehaaren geflochtenes Seil, ist zu Trainingszwecken ideal. Es wird durch seine Stacheligkeit sofort vom Pferd bemerkt. Das sehr lange Seil wird am Bosal mit einigen Windungen zu einer Zügelschlaufe festgeknotet und endet in einem entsprechenden Anbindeseil, mit dem das junge Pferd im Training auch ausgebunden werden kann.

Kappzaum

Früher galt der Kappzaum als eigenständige Zäumung, heute ist er leider ganz zu Unrecht aus der Mode gekommen. Bei der Ausbildung junger Pferde, für die Arbeit an der Hand und in den Pilaren ist der Kappzaum unverzichtbar.

> Als Ausbildungszäumung wird der Kappzaum schon vom Altmeister der Französischen Reitkunst, Monsieur La Guernière, empfohlen, um das Jungpferd ins Gleichgewicht zu bringen, es aufzurichten, die Hinterhand vermehrt zu belasten und seinen Kopf in Haltung zu bringen. Dabei wird das Maul geschont, damit es für spätere Aufgaben fein bleibt.

Der Kappzaum ist aus Leder und hat die Form eines besonders stabilen Stallhalfters. Der gut gepolsterte Nasenriemen ist mit beweglichen Beschlägen und drei Ringen ausgerüstet. In den mittleren Ring wird bei der Longenarbeit die Longe eingeschnallt, die beiden seitlichen sind zum Verschnallen der Zügel beim Reiten bzw. anderer Hilfszügel gedacht.

Der Kappzaum ist wohl der einzige mir bekannte Zaum, der einen zweiten Kehlriemen in der Mitte der Backenriemen hat. Dieser bewirkt, daß sich der Kappzaum nicht verdreht, beziehungsweise das Pferd ihn sich nicht über den Kopf ziehen kann, wenn es an der Longe einmal rückwärts zieht. Das ist besonders wichtig, solange der Kappzaum ohne zusätzlich untergeschnallte Trense genutzt wird. Zur Verschnallung sollte klar sein, daß der Nasenriemen möglichst hoch am Pferdekopf liegen sollte, ähnlich wie das Englische Reithalfter etwa ein bis zwei Finger breit unterhalb des Jochbeins. Je tiefer er verschnallt wird, desto schärfer wirkt er.

Heute wird der Kappzaum vor allem zum **Longieren** eingesetzt. Er kann jedoch auch in der Ausbildung unter dem Sattel sehr nützlich sein, um die entsprechende Aufrichtung und auch das Untersetzen des Jungpferdes zu fördern. Vor allem in Portugal und Spanien sowie in den klassischen Reitschulen in Österreich und Frankreich wird noch viel mit Kappzaum gearbeitet.

Die auf der Iberischen Halbinsel verwendeten Modelle haben ein innen liegendes Kappzaumeisen mit Dornen, die zur

Der Kappzaum, ein wertvolles Hilfsmittel bei der Ausbildung junger Pferde.

Zäume

Rechte Spalte: Verschiedene Kinnketten:
1) Fahrkinnkette;
2) Kinnkette mit 24 Gliedern, Argentan poliert;
3) Kinnkette mit 24 Gliedern, rostfreier Stahl;
4) Kinnkette mit 20 Gliedern, Argentan poliert;
5) Fahrkinnkette für Ponys mit 13 Gliedern.

Pferdenase zeigen. Sie wirken dort, oft ohne weitere Polsterung, direkt auf die Nase ein. Dies hinterläßt deutliche Spuren und Narben und hat den Kappzaum leider in Verruf gebracht. Man sollte jedoch berücksichtigen, daß speziell in diesen Ländern besonders aufmerksame, auf minimale Hilfen reagierende Pferde ausgebildet und erzogen werden müssen, wenn diese in der Doma Vacquera, der Iberischen Rinderdressur, gehen. Sie dienen ihren Reitern als Lebensversicherung bei der direkten Arbeit am Stier. Kappzäume werden selten länger als drei Monate beim jungen Pferd benutzt. Danach wird nur noch die Gebißarbeit verfeinert bis zu dem Ausbildungsstand, den man auch heute noch in Spanien und Portugal bei guten Rinderpferden beobachten kann.

Zusätzliche Ausrüstung

Kinnkette

In den ersten zwei Kapiteln wurde bei den Gebissen mit Hebelwirkung immer wieder Kinnkette bzw. der Kinnriemen erwähnt. Es handelt sich hier nur um ein kleines Stück Metall, Leder oder Kunststoff, das jedoch eine große – positive oder negative – Wirkung haben kann.

In der klassischen Reitweise werden fast ausschließlich Kinnketten aus Metall benutzt. Es gibt sie in einfacher oder doppelter Ausführung, mit Möglichkeit zum Ausdrehen oder mit nicht flach ausgedrehten Kettengliedern. Ein Vorteil der Kinnkette aus Metall ist der geringe Pflegeaufwand. Sie ist schnell abgewaschen und gereinigt und muß, da sie aus nicht rostendem Metall ist, nicht weiter gepflegt werden. Außerdem liegt eine gut ausgedrehte Kette sicher in der Kinngrube, sie schlackert und scheuert in der Regel nicht.

Eine Kinnkette ausdrehen heißt, sie so lange um sich selbst zu drehen, bis die Kettenglieder glatt ineinander fallen.

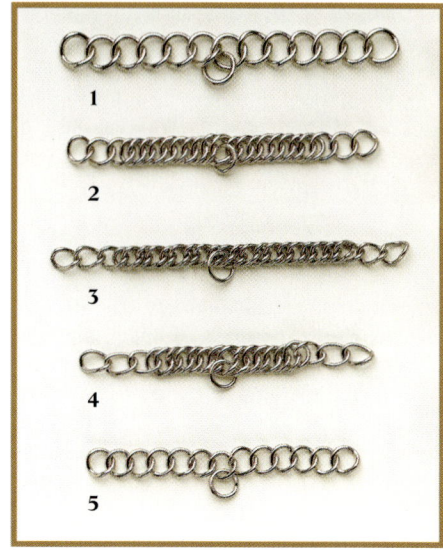

Die Nachteile einer Kinnkette aus Metall sind mit Sicherheit Druck- und Scheuerstellen wie auch verursachte Schmerzen, wenn die Kette nicht ausgedreht ist. Auch bleiben die etwas längeren Haare an Kinn und Unterkiefer des Pferdes gern in den Kettengliedern hängen, und das kann ganz schön ziepen, wie jeder sicher aus eigener Erfahrung weiß. Dieses Ziepen oder Scheuern kann aber dadurch verhindert werden, daß eine Kinnkettenunterlage benutzt wird, die es aus Leder oder Gummi gibt. Zusätzlicher Nutzen eines solchen Kinnkettenschoners ist die Verbreiterung der Auflagefläche, so daß die Ketten nicht mehr ganz so scharf wirken.

Kinnriemen aus Leder gibt es in den unterschiedlichsten Breiten und Ausführungen. Wenn sie ungepflegt sind, werden sie schnell hart und können an den Kanten oder Lederbruchstellen drücken oder scheuern.

Bei Kinnriemen aus Kunststoff handelt es sich meist um geflochtene **Nylon-Sporenriemen.** Diese haben große Vorteile als Kinnriemen: Zum einen sind sie preisgünstig, zum anderen kann man sie in der Weite sehr fein verstellen, ohne von einer Lochung abhängig zu sein. Leider taugen aber Sporenriemen nur für Pferde mit kleineren Köpfen und schmalen Mäulern, für die meisten Warmblüter sind sie jedoch zu kurz. Ein Nylon-Kinnriemen ist sicherlich eine der mildesten Möglichkeiten, ein Stangengebiß mit dem nötigen Druckpunkt auszustatten.

Kombinationen aus Kette und Kinnriemen gibt es mit Nylon- oder Lederriemen mit Schnallen an der Seite und ein- oder zweireihiger Kette in der Mitte. Hier findet man aber leider auch oft Exemplare mit unausgedrehten Kettengliedern. Diese sind nicht zu empfehlen, da die Bögen der einzelnen Kettenglieder schmerzhaft in die Kinngrube drücken.

Schlagen Pferde mit dem Kopf, sperren das Maul auf oder protestieren auf eine andere Weise, kann dies am Gebiß, an Verletzungen, nicht zuletzt aber auch an einer nicht passenden, klemmenden oder scheuernden Kinnkette liegen. Deshalb sollte sie mit als erstes überprüft werden, da sie schmerzhafte Probleme bereiten kann.

- Die Kinnkette ist zu lang: Dann schlägt sie unter Umständen gegen den Unterkiefer oder klemmt womöglich sogar die Unterlippe ein.
- Die Kinnkette ist zu kurz: Sie übt über das Mundstück zuviel Druck auf das Maul aus und verursacht einen konstanten Schmerz in der empfindlichen Kinngrube.
- Die Kinnkette ist falsch eingehängt oder eingeschnallt: Dann klemmt sie die Mundwinkel oder Lefzen ein.

Die Kinnkette bestimmt wie gesagt den Winkel, den die seitlichen Anzüge eines Hebelgebisses zur Maulspalte bilden. Sie soll so lang verschnallt werden, daß dieser Winkel bei angenommenem Zügel zwischen 40° und 50° beträgt. Ob man die korrekte Verschnallung gefunden hat, der Winkel also stimmt, läßt sich auch dadurch überprüfen, daß man zwei bis drei Finger zwischen Kinnkette und Kinngrube steckt. Geht dies problemlos, ohne daß die Kinnkette dabei spannt oder noch schlackert, so ist sie richtig verpaßt. Wird die Kette kürzer geschnallt, wirkt sich sicher jeder auch versehentliche Zügelanzug sofort auf das Gebiß aus. Ist die Kinnkette dagegen länger geschnallt, wirkt das Hebelgebiß nicht mehr korrekt, weil ihm der Druckpunkt fehlt. Es verliert an Präzision.

Will man den Winkel des seitlichen Anzugs zur Maulspalte bei einem Gebiß mit gebogenem Anzug (z.B. Grazer Bit) überprüfen, dann muß man sich auf den oberen Teil des Anzugs konzentrieren, der noch gerade zur Maulspalte verläuft. Dieser Winkel bei solchen Gebissen kann etwas variieren und daher ein wenig von der 45°-Regel abweichen.

Pullerriemen

Der Pullerriemen ist der wohl am häufigsten in der Geschichte des Reitens mißverstandene Zusatzriemen, den es gibt. Er dient nämlich nicht unbedingt dazu, ein pullendes, also gegen die Hand gehendes Pferd zu bändigen. Er bewirkte eher das Gegenteil, nämlich das Pferdemaul vor der pullenden, also ziehenden Reiterhand zu schützen. Der Pullerriemen ist, wie so viele gute Ideen in der Reiterei, eine Entwicklung der Pferdekenner aus England. Dort wird er besonders beim Reiten im Jagdfeld eingesetzt.

Der Pullerriemen wird in die Gebißringe eingeschnallt. Er verläuft quer über die Pferdenase, so daß er nur eine bestimmte Druckwirkung des Gebisses im Pferdemaul zuläßt. Besonders bei Pferden mit Ramskopf neigt er dazu, in Richtung Nüstern herunterzurutschen. Dann kann man ihn wie beim kombinierten Reithalfter in der Schlaufe am Nasenriemen befestigen. Reitet man ohne Nasenriemen, läßt sich der Pullerriemen auch mit einem entsprechend langen Lederbändchen am Stirnriemen befestigen.

Zäume

Beim Kineton wirkt der angenommene Zügel nicht nur über das Gebiß auf das Pferdemaul, sondern auch auf den Nasenrücken.

Scherriemen

Der Scherriemen wird bei Hebelgebissen mit geraden Anzügen benutzt, die mit einer Kinnkette geritten werden. Das Riemchen wird vom einen Unterbaumende durch den Zusatzring in der Mitte der Kette geführt und zum anderen Unterbaum geführt. Es verhindert, daß die Unterbäume bei losem Zügel zu nahe an die Maulspalte geraten und das Pferd diese mit den Lippen fangen und festhalten kann.

Kineton

Eine weitere Entwicklung der Engländer ist das Kineton, auch **Bügelreithalfter** genannt, das wie der Pullerriemen hauptsächlich beim Jagdreiten eingesetzt wird. Es dient dazu, besonders heftige Pferde in der Hand zu behalten. Es besteht aus zwei metallenen Bügeln, die über den Nasenrücken hinweg mit einem Lederband verbunden sind. In diesen Bügeln liegt das Gebiß.

Werden die Zügel angenommen, wirkt das Gebiß normal im Maul ein. Versucht das Pferd, sich der Gebißeinwirkung durch Aufsperren des Mauls zu entziehen, leitet das Kineton den Gebißdruck auf die Nase weiter. Daher darf das Kineton genau wie der Pullerriemen auch nicht mit Sperrhalfter benutzt werden. In Deutschland ist es leider nur sehr schwer zu bekommen.

Pelhamriemchen

Das Pelhamriemchen verbindet Ober- und Unterbaum des Pelhams und soll angeblich bewirken, daß ein Pelham mit nur einem Zügel geritten werden kann, während Trensen- und Hebelwirkung kombiniert werden. Ob dies in der Praxis zutrifft und sinnvoll ist oder ob die eigentliche Wirkung des Pelhams verwischt wird, ist Ansichtssache. Auf jeden Fall erleichtert die Verwendung dieses Riemchens die Zügelführung, da statt zwei nur noch ein Zügel benutzt wird.

Stopperriemen

Der Stopperriemen ist ein einfacher Leder- oder Nylonriemen, der unter dem Kinn in die Ringe der Trense oder Stange eingeschnallt wird. Er verhindert auf sehr einfache Weise, daß bei einseitiger Zügelhilfe das Gebiß durchs Maul gezogen wird. Zusätzlich lernt ein Pferd damit, dem durch die einseitige Zügelhilfe auf der Gegenseite des Kopfes entstehenden Druck auszuweichen. Stopperriemen werden heute überwiegend in der Westernreitweise verwendet. Aus klassischen Reitställen sind sie fast völlig verschwunden, obwohl sie in Deutschland schon benutzt wurden, bevor der Westernstil seinen Weg aus den USA nach Europa fand.

Gummischeiben

Gummischeiben werden auf das Gebiß aufgezogen, um zu vermeiden, daß das Gebiß bei einseitiger Zügelhilfe durchs Maul gezogen wird. Außerdem sollen sie verhindern, daß dem Pferd unter Umständen die Lefzen einklemmt werden, wenn die Löcher im Mundstück, durch die die Gebißringe laufen, ausgeleiert und scharfkantig sind. Schlecht gepflegte Gummischeiben können jedoch an den Lefzen scheuern.

Wer zum ersten Mal eine Gummischeibe verwenden möchte, steht meist vor der Frage, wie man diesen doch recht festen Gummi soweit auseinanderziehen kann, daß er über den Gebißring gezogen werden kann. Man behilft sich hier mit zwei Sporen- oder ähnlichen Riemen, die man durch das Loch führt und mit denen man dann die Scheiben weiten kann.

Hilfszügel

Rechte Seite: Ein Vielseitigkeitspferd, das mit einer Kombination aus Vorderzeug und gleitendem Ringmartingal sicher ausgerüstet ist.

Der Mensch hat schon bei seinen Versuchen, das Wildpferd zu zähmen, alle möglichen Hilfsmittel ersonnen, um die Kräfte des Pferdes zu bändigen und in die richtige Richtung zu lenken. Die hier beschriebenen Hilfszügel sind Ausrüstungsgegenstände, die meist eher dem Reiter und nicht in erster Linie dem Pferd helfen.

> Sie sollten daher nur zu ganz bestimmten Zwecken, gezielt und **vorübergehend** eingesetzt werden. Sie sind keinesfalls für den Dauergebrauch bestimmt und geeignet. Man sollte sich aber grundsätzlich darüber im Klaren sein, daß kein Hilfszügel mangelnde Reitausbildung oder Geduld ersetzen kann.

Meist verhält es sich mit den Hilfszügeln genau umgekehrt wie mit den Gebissen: Was bei den Gebissen zu wenig ausprobiert und abgewechselt wird, schlägt bei den Hilfszügeln ins Gegenteil um.

Ausbindezügel

Ausbindezügel werden rechts und links am Sattel- oder Longiergurt eingeschnallt und von dort aus in das Trensengebiß oder den Kappzaum eingehakt. In der Regel sind sie aus Leder mit einem kleinen Gummiring in der Mitte, der die Verbindung zum Pferdemaul dehnbar und elastisch halten soll.

Meist werden Ausbindezügel bei der Longenarbeit und dem Anfängerunterricht benutzt. In beiden Bereichen sollen sie dem Pferd ermöglichen, eine konstante Anlehnung an das Gebiß zu suchen. Zusätzlich sollen sie vermeiden, daß der Reitanfänger sich am Zügel festhält, weil er glaubt, das Pferd „halten" zu müssen. Diese psychologische Wirkung kann allerdings bezweifelt werden. In vielen Fällen werden die Ausbinder leider eindeutig zu kurz geschnallt, um so dem Pferd die gewünschte Kopfhaltung vorzugeben. Durch ihre relativ starre Länge verhindern sie, daß das Pferd sich in die Dehnungshaltung begeben kann, sich also vorwärts-abwärts streckt. Bei zu kurzen Ausbindezügeln kann sich der Pferdekopf nur in einem festen Radius (siehe S. 78) bewegen.

> Wenn Ausbinder benutzt werden, sollten sie so lang verschnallt werden, daß die Nase des Pferdes bei normaler Anlehnung deutlich vor der Senkrechten steht.

Stoßzügel

Der Stoßzügel ist identisch mit einem einzelnen Ausbindezügel. Allerdings gibt es auch eine Vollgummi-Variante, die sehr viel dehnbarer ist als der normale lederne Ausbinde- bzw. Stoßzügel. Dieser Hilfszügel wird in den Sattelgurt eingeschnallt und verläuft zwischen den Vorderbeinen hindurch zum Kinnriemen. Er verhindert so, daß das Pferd den Kopf hochnimmt und den Rücken wegdrückt, um sich der reiterlichen Einwirkung zu entziehen. Allerdings verhindert er nicht, daß sich das Pferd in die wünschenswerte Dehnungs-

Hilfszügel

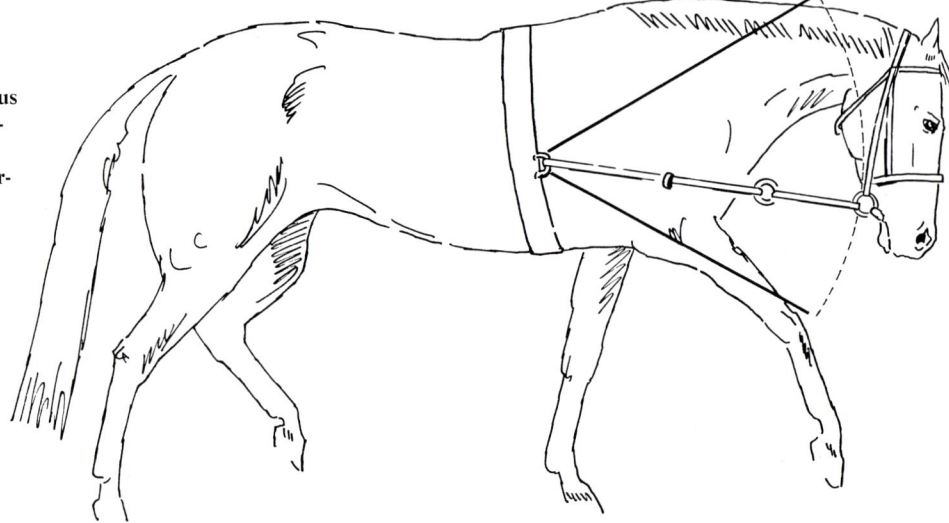

Der Bewegungsradius bei einem ausgebundenen Pferd ist eingeschränkt. Eine vorwärts-abwärts-Streckung ist nicht möglich.

haltung vorwärts-abwärts streckt und ist deshalb unter Umständen den Ausbindezügeln vorzuziehen.

Zusätzlich wird der Stoßzügel, im Gegensatz zu den Ausbindern, nicht in die Gebißringe, sondern in den Kinnriemen des Reithalfters oder über eine Longierbrille eingeschnallt, die mit der Trense verbunden ist. Die Einwirkung des Hilfszügels auf das Maul ist damit abgeschwächt.

> Sowohl Ausbinde- wie auch Stoßzügel sollten nur in der Reitbahn oder -halle verwendet werden, keinesfalls im Gelände. Bei einem Stolperer könnte das Pferd damit den Hals nicht lang machen und sein Gleichgewicht halten.

Martingal

Über den Sinn des Martingals wird seit langem diskutiert. Heute ist es in fast allen Sparten des Reitens verbreitet und entwickelt sich leider vom Hilfszügel immer weiter weg zu einer Daureinrichtung im Reitsport. Dies gilt allerdings nur für den Bereich des herkömmlichen Reitsports, im Westernreiten hat das Martingal nach wie vor den Status eines Hilfszügels und ist bei Turnierprüfungen – mit Ausnahme der Rennklassen – verboten.

Feststehendes Martingal

Das feststehende Martingal kann sehr einfach als Stoßzügel definiert werden, der durch einen Halsriemen läuft. Gegenüber dem Stoßzügel hat es jedoch den Nachteil, daß das Pferd nicht in die Dehnungshaltung gehen kann. Es gehört daher zu den nicht empfehlenswerten Hilfszügeln und sollte ebenfalls nicht im Gelände eingesetzt werden.

Tie-Down

Das Tie-Down ist ein Hilfszügel, der in bestimmten, eng eingegrenzten Bereichen des Westernreitens eingesetzt wird. Es handelt sich um eine starre Verbindung zwischen einem Pencil Bosal und dem Sattelgurt und verhindert das Hochreißen des Pferdekopfes aufgrund unsachgemäßer Gebißeinwirkung. Im allgemeinen wird das Tie-Down nur in den Rennsportdisziplinen (Barrel Race und Pole Bending) eingesetzt. Ansonsten ist es bei Turnierveranstaltungen verboten.

Gleitendes Ringmartingal

Das einzige Martingal, das sinnvoll und korrekt eingesetzt werden kann, ohne die zuvor erwähnten Nachteile mit sich zu bringen, ist das gleitende Ringmartingal – wenn es richtig gebaut und verschnallt ist. Dieses Martingal ist so konstruiert, daß in dem Moment, in dem das Pferd den Kopf hochnimmt, das Gebiß auf Zunge und Laden drückt. Ob ein Martingal korrekt verschnallt ist, läßt sich leicht überprüfen:
- Es darf nicht bis zu den Zügelringen nach unten durch den Halsriemen durchrutschen. Sonst kann es sich nicht seitwärts in eine Wendung hinein öffnen. Es wäre ganz besonders für den Einsatz im Springsport und im Gelände, wo ja viele schnelle Wendungen vorkommen, unbrauchbar. Außerdem besteht die Gefahr, daß das Pferd beim Springen mit einem Vorderbein im nach unten durchhängenden Martingal hängenbleibt und stürzt. Deshalb sollte die obere Gabel möglichst von einem Ring abzweigen, der vor der Halsriemenöffnung stehenbleibt. Ist ein solcher Ring nicht vorhanden, befestigt man oberhalb des Halsringes einen Martingalstopper, der die gleiche Funktion hat.
- Die Gabel oberhalb des Halsriemens sollte zum unteren Teil des Martingalriemens ein Längenverhältnis von etwa 1:5 aufweisen.
- Beim Einsatz eines Martingals sind unbedingt Zügel mit **Martingalschiebern** zu verwenden. Diese verhindern, daß die Martingalringe sich in den Zügelschnallen direkt am Gebiß verhaken.

Schlaufzügel

Der Schlaufzügel ist ein sehr langer Rundzügel, aus Gurtband oder Leder gefertigt, der vom Sattelgurt ausgehend zwischen den Vorderbeinen hindurch von innen nach außen durch die Trensenringe geführt wird und von dort in die Zügelhand weiterläuft. Der Schlaufzügel wird leider oft völlig falsch eingesetzt. Er ist keinesfalls dazu gedacht, den Kopf des Pferdes in Form zu ziehen und so einen vom Reiter gewünschten Head set zu erzwingen. Eigentlich soll ein Pferd am Schlaufzügel entlang den Weg in die Tiefe finden und lernen, die Rückenmuskulatur zu lockern.

> Sinnvoll eingesetzt ist der Schlaufzügel für schlecht gerittene Pferde oft die beste Chance, von ihren Rückenproblemen weg zu einer korrekten Haltung zurückzufinden.

Da der Schlaufzügel nicht im Gebiß fixiert wird, sondern durch die Gebißringe hindurchgleitet, kann sich das Pferd an ihm entlang vorwärts-abwärts in die Tiefe dehnen. Dies kann aber nur funktionieren, wenn der Reiter den Schlaufzügel korrekt einsetzt und nicht daran zieht, sondern das Pferd gefühlvoll in den Schlaufzügel hineintreibt. So beginnt dann eine entsprechende Korrekturarbeit.

Wer eine Korrektur mit Schlaufzügeln beginnt, weil das Pferd aufgrund falscher Ausbildung oder sonstiger Probleme unerwünschte Muskelpartien ausgebildet hat, sollte wissen, daß die sehr schnell eintretenden Anfangserfolge, also die Dehnungshaltung des Pferdes, nicht darüber hinwegtäuschen dürfen, daß eine solche Korrektur der Muskulatur mindestens 8 bis 10 Wochen Zeit in Anspruch nimmt. Die Muskeln im Nackenband (Oberhals) müssen aufgebaut, die Unterhalsmuskulatur abgebaut werden, da sie für die korrekte Haltung hinderlich ist.

Tie-Down.

Hilfszügel

Zum Abschluß dieses Kapitels werden noch kurz einige weitere Hilfszügel beschrieben, die nicht so häufig anzutreffen sind, aber sehr wertvoll sein können.

Weitere Hilfszügel
Köhlerzügel

Der Köhlerzügel ist eine Variante des Schlaufzügels. Im Gegensatz zu diesem wird er vom Bauchgurt weg durch die Vorderbeine über einen Halsriemen zu den Gebißringen geführt. Nachdem er durch die Trensenringe hindurchgeschlauft worden ist, wird er am Trensenzügel befestigt (festgeschnallt oder eingehakt). Diese Verschnallung auf dem Zügel kann variiert werden. Man muß sich hier nicht wie beim Schlaufzügel mit zwei Zügeln plagen, was ja vielen Reitern unangenehm ist, sondern hat nur einen Trensenzügel in der Hand.

> Der Köhlerzügel eignet sich daher auch für nicht ganz so geübte Reiter, bietet allerdings nicht die feine Einwirkungsmöglichkeiten wie ein Schlaufzügel.

Chambon

Das Chambon ist ein Hilfszügel, der vorwiegend bei der **Longenarbeit** eingesetzt wird. Es handelt sich um eine Entwicklung aus Frankreich, deren Wirkung darauf beruht, daß das Pferd sich selbst unangenehmen Druck im Maul und im Genick zufügt, solange es mit hohem Kopf und weggedrücktem Rücken läuft. Sobald es sich vorwärts-abwärts dehnt, verschwindet dieser Druck. So lernt es sehr schnell aus positiver Erfahrung heraus, daß der angenehme Weg in die Tiefe führt und kann sich jederzeit selbst für die korrekte Haltung belohnen.

Das Chambon besteht aus drei Teilen: Einem Bruststück, das vom Bauchgurt durch die Vorderbeine führt, zwei Schnüren mit Haken an jedem Ende und einem Genickstück, das in das Zaumzeug eingeschnallt wird. Die Schnüre werden in das Bruststück eingehakt, durch die Ringe am Genickstück geführt und in den Trensenringen befestigt. Beim Einsatz des Chambon ist aber zu beachten, daß die Longe nicht in den Trensenring eingeschnallt werden darf, denn dies würde die eigentliche Wirkung des Chambon verfälschen.

Gogue

Das Gogue ist schon eine Rarität und gehört zu den nicht weiter bekannt gewordenen Hilfszügeln. Es handelt sich hier um eine Abwandlung des Chambon, die sich in der Praxis in ihrem Ursprungsland Frankreich sehr bewährt hat. Das Gogue verläuft genau wie das Chambon vom Bauchgurt aus über das Genickstück des Zaums. Allerdings wird es nicht in die Trensenringe eingehakt, sondern hindurchgeschlauft und dann wie der Köhlerzügel mit dem Trensenzügel verbunden. Das Gogue ist ein Hilfszügel, der ganz besonders dazu geeignet ist, dem Reiter eine feine Hand beizubringen (vorausgesetzt, es ist kein Sperrhalfter im Einsatz), da jegliche Zügeleinwirkung in feinster Abstufung in das Pferdemaul weitergeleitet wird.

Colbert-Zügel

Eine weitere Abwandlung des Chambon ist der Colbert-Zügel. Er verläuft vom Bauchgurt über das Genick, durch die Trensenringe hindurch direkt in die Hand des Reiters. Ein guter, gefühlvoller Reiter mag mit dem Colbert-Zügel sicher Erfolge erzielen können; allerdings ist dieser Hilfs-

Bei diesem – etwas lang verschnallten – Chambon wird das Pferd belohnt, wenn es sich vorwärts-abwärts streckt. Dann verringert sich der Druck auf das Genick.

zügel in der Hand des nicht so sensiblen oder noch nicht so erfahrenen Reiters mit Sicherheit gefährlich, da sein Aufziehtrenseneffekt dazu verführt, den Kopf des Pferdes einfach mit Kraft in die gewünschte Position zu ziehen.

Lorenz-Zügel

Der Lorenz-Zügel, auch **Dreiecks- oder Wiener Zügel** genannt, wurde von Paul Lorenz ursprünglich zur Unterstützung seiner Longenarbeit entwickelt. Mittlerweile hat er auch Eingang in die Reiterei gefunden, da er, ähnlich wie der Schlaufzügel, dem Pferd den Weg vorwärts-abwärts in die Tiefe weist. Die Reiterhand kommt dabei mit dem Hilfszügel gar nicht in Berührung.

Es gibt für den Lorenz-Zügel mehrere Verschnallmöglichkeiten. Die zwei wichtigsten sind wohl das **untere Longierdreieck** (vom Bauchgurt durch die Vorderbeine, durch die Trensenringe, zurück seitlich an den Bauchgurt) und das **obere Reitdreieck** (seitlich vom Bauchgurt weg, durch die Trensenringe hindurch zurück zur Kammer des Sattels). In beiden Fällen ist der Lorenz-Zügel am Sattelzeug fixiert und bietet also dem Pferd die Möglichkeit, sich an eine bestimmte Haltung heranzutasten, ohne daß diese durch Einfluß von außen bestimmt und variiert wird.

Ganz besonders für den Anfängerreitunterricht ist der Lorenz-Zügel die bessere Alternative zu Ausbindezügeln, da er dem Pferd die Bewegungsfreiheit in genau der gewünschten Richtung offenläßt, das heißt, es kann sich vorwärts-abwärts strecken.

Sättel

Nicht etwa Preis, Geschmack, Modetrends oder ähnliches sind entscheidend dafür, welcher Sattel für welchen Reiter gewählt wird. Unterschiedliche Sattelunterbauten, Sattelformen und Sattelsitze bedingen einen jeweils anderen Sitz und damit ein anderes Einsatzgebiet. Das bedeutet also, daß man sich zuerst, ganz unabhängig von der Paßform für Pferd und Reiter, überlegen muß, **wozu** der Sattel gebraucht wird.

Englische Sättel

Der europäische Sattel (eigentlich der englische oder auch weiterentwickelte Hunting Saddle) geht in seiner Entwicklungsgeschichte in ähnlicher Form zurück bis in das 16. Jahrhundert. Damals wurde der Kavallerie- oder auch Pritschensattel immer weiter modifiziert, um einen leichteren, besser sitzenden Jagdsattel zu erhalten. Das Grundelement des Sattels, der hölzerne Baum, gibt dem Sattel seine Form und Stabilität und ist bis heute der gleiche geblieben. Die weitere Entwicklung hat den englischen Sattel von damals inzwischen ziemlich verändert.

Der Sattel soll dem Reiter einen bequemen Sitz garantieren und gleichzeitig dem Pferderücken gut angepaßt sein. Sein Einsatzzweck ist die Sportreiterei und nicht etwa das Freizeitreiten. Hier wird der Sattel nur für kürzere Reit- und Trainingszeiten, wie sie bei Leistungssport (Jagdreiten, Vielseitigkeit, Parcoursspringen, Dressur) üblich sind, eingesetzt.

Rechte Seite: Ein spanischer Arbeitssattel. Das Pferd geht mit Kandarenzäumung in wunderbar lockerer Anlehnung an die Reiterhand. Nur der zu eng geschnallte Kehlriemen stört das Bild.

> Diese Sättel sind nicht dafür entwickelt worden, mehrere Stunden am Tag auf dem Pferderücken zu liegen.

Aufbau und Paßform

Die Seele des englischen Sattels ist ein gut sitzender **Sattelbaum,** der heute in der Regel aus einer Holz-Stahl-Kombination besteht, dem sogenannten Federbaum. Es gibt aber noch die konventionellen Holzbäume und inzwischen auch schon reine Kunststoffbäume. Kunststoff ist leichter als Holz bzw. Holz-Metall-Kombinationen. Allerdings gab es in den ersten Jahren Probleme mit der Formstabilität von Kunststoffbäumen. Am häufigsten werden Federbäume verwendet. Die einzelnen Teile sind bei allen Bäumen mehr oder weniger gleich.

Der Baum besteht aus mehreren, stabilen Hartholzteilen, meist Buchenholz. Vorderzwiesel, tragender Baum und Hinterzwiesel werden heiß in Form gepreßt. Die Teile werden dann montiert und mit einem Schutzmaterial bezogen. Hierzu wurde bisher Rohhaut (Rohleder) verwendet, das naß aufgezogen wurde und dann zu einer extrem harten Schutzschicht trocknete. In heutiger Zeit werden die Bäume aber auch mit einem kunststoffhaltigen Material verkleidet. Der Vorderzwiesel wie auch die Sattelkammer werden dann mit Metallplatten verstärkt, um die Form stabil zu halten. Auch die Unterseite des Sattelbaumes und der Hinterzwiesel werden mit Metallplatten versehen, die das Holz wieder in seine ursprüngliche Form zurückbringen, wenn

Sättel

es sich unter Belastung verformt. Als letztes werden die Sattelschlösser montiert. Der vollständige Sattelbaum besteht aus

- **Kopf** (Vorderzwiesel) mit Kopfeisen
- **Orten:** flächige Schulterauflagen
- **Trachten:** Tragbaum, der Vorder- und Hinterzwiesel verbindet, mit Verstärkungseisen
- **Hinterzwiesel** (auch Äfter genannt)
- **Sattelschloß:** Steigbügelaufhängung, auch Sturzfeder oder Sturzöse genannt.

Früher wurde dieser Baum dem Pferd genau angepaßt, bevor der Sattler dann mit Quer- und Spanngurten, Drell- oder Segeltuchverspannung und der entsprechenden Polsterung unter dem Deckleder in mehreren Arbeitsgängen den eigentlichen Sattel fertigstellte.

Solche maßgefertigten Sättel kommen heute nur noch in Ausnahmefällen, bei besonders „schwierig" gebauten Pferden, zum Einsatz, da ihre Herstellung sehr teuer ist. Daher muß bei der Auswahl eines Sattels von der Stange vor dem Kauf auf die folgenden Punkte ganz besonders geachtet werden, da verschieden geformte Sattelbäume im Handel sind.

Der **Kopf** oder Vorderzwiesel (die Sattelkammer) muß so hoch sein, daß er auch bei Belastung des Sattels mit dem Reitergewicht nicht den Widerrist des Pferdes berührt. Eine zu niedrige Sattelkammer verursacht klassischen Satteldruck, im schlimmsten Fall offenen Druck am Widerrist. Die ausreichende Höhe der Kammer hängt natürlich auch mit ihrer Weite zusammen. Wird der Sattel aufgelegt, sollte er weder über dem Widerrist thronen (Kammer zu eng), noch satt aufliegen (Kammer zu weit).

> Ohne Belastung müssen im Kopfbereich mindestens drei bis vier Finger breit Luft zwischen Kopfeisen und Widerrist sein, da der Sattel gegurtet und mit Reitergewicht belastet um einiges tiefer kommt.

Die **Orte** (Schulterpartie) müssen so weit ausgestellt sein, daß das Pferd sich im Schulterbereich frei bewegen kann. Der Sattel darf das Pferd hier nicht einzwängen. Es kommt sonst oft zu einer undefinierten Lahmheit, da die Vorhandaktion des Pferdes aus der Schulter heraus behindert wird. Ob der Sattel in der Schulter paßt, stellt man folgendermaßen fest: Ein Helfer nimmt das Vorderbein des Pferdes am Vorderfußwurzelgelenk auf und streckt es nach vorn. Wichtig ist, daß das Pferd sich dabei aus der Schulter heraus streckt. Man muß jetzt mit der flachen Hand zwischen Sattel und Schulter des Pferdes gleiten können ohne ein Klemmgefühl zu haben.

Die **Trachten** (also die eigentliche Auflage des Sattels auf dem Pferderücken) müssen über die gesamte Länge gut am Pferderücken anliegen, auch ohne daß der Sattel mit Reitergewicht belastet wird. Ist dies nicht der Fall, sind die Trachten also zu stark oder nicht stark genug gewölbt, paßt der Baum nicht zum Rücken. Die durchschnittlichen 75 kg Körpergewicht des Reiters würden auf eine noch geringere Auflagefläche verteilt werden.

Es ist sehr schwer, die Winkelung und Auflage der Trachten zu beurteilen. Hierzu muß der Sattel ungegurtet auf dem Rücken liegen. Man fixiert ihn mit einer Hand in der Mitte des Sattelsitzes und fährt mit der anderen Hand unter dem Sattel von vorn nach hinten genau in Trachtenhöhe durch. Verändert sich der Druck auf der prüfenden Hand, paßt die Trachtenwinkelung nicht genau zum Rücken, es sollte deshalb ein anderer Sattel ausgesucht werden. Ein Sattel, der der Länge nach auf dem Rücken schaukelt, paßt nicht. Er braucht gar nicht erst weiter geprüft werden.

Gleichzeitig soll der Sattel die Wirbelsäule freigeben. Zwischen den aufliegenden Sattelkissen muß ein Kanal über der Wirbelsäule frei bleiben, damit der Rücken auch während des Reitens ausreichend

Aufbau und Paßform

Moderne Vielseitigkeitssättel, entwickelt für ganz spezielle Einsatzzwecke, neben einem echten Klassiker, dem deutschen Armeesattel 25 (rechts).

belüftet wird und kein Druck entsteht. Ob dieser Kanal breit genug ist, stellt man fest, indem man prüft, ob die flache Hand von der Kammer bis zum Hinterzwiesel einigermaßen gut durchgezogen werden kann.

> Die exakte Paßform kann nur dann festgestellt werden, wenn der Sattel ohne Unterlage auf den Pferderücken aufgelegt wird. Falls der Verkäufer auf eine Unterlage zur Schonung des Sattels besteht, verwendet man ein Leintuch, keinesfalls eine dickere Decke.

Scheint der Sattel nach den zuvor beschriebenen Punkten zu passen, sollte er normal gesattelt und probegeritten werden. Das Pferd wird so gearbeitet, daß es gleichmäßig gut durchschwitzt. Nach dem Absatteln sollte das Pferd unter dem Sattel gleichmäßig feucht sein, ohne trockene Stellen (mit Ausnahme des Wirbelsäulenkanals, der ja vom Sattelbaum immer freigehalten wird). Sind in den feuchten Partien doch trockene Stellen vorhanden, dann ist der Sattel hier zu eng. Übermäßiger Druck blockiert die Funktion der Schweißdrüsen in der Haut, so daß sie nicht mehr normal arbeiten können.

Wenn man auf der Suche an einen Reitsportausrüster gerät, der sich weigert, den Sattel ausprobieren zu lassen, dann sollte man das Geschäft wechseln. Ein Sattel ist schließlich teuer und seine Paßform sehr wichtig. Ohne vorheriges Ausprobieren sollte nie gekauft werden. Zusätzlich ist es immer sinnvoll, einen Fachmann bei der Auswahl um Hilfe zu bitten. Zwei Dinge sind vor allem beim Kauf ei-

Sättel

nes gebrauchten Sattels ohne Garantie wichtig. Man dreht den Sattel um, legt ihn sich auf die Knie und prüft mit sensiblen Fingern, ob das Kopfeisen unter der Polsterung intakt ist und ob die Trachten in Ordnung sind. Beides bricht schon einmal bei übermäßiger Beanspruchung durch Gewicht oder wenn der Sattel herunterfällt. Wenn man beim Abtasten Absätze oder Kanten spürt, sollte man die Finger von dem Sattel lassen oder ihn zumindest von einem Sattler genau prüfen lassen. Er kann auch einen Kostenvoranschlag für eine mögliche Reparatur machen.

Zusätzlich faßt man den Sattel an Vorder- und Hinterzwiesel und verdreht ihn dann kräftig in alle Richtungen. Verwindet sich der Sattel hierbei oder gibt knackende Geräusche von sich, ist möglicherweise der Baum gebrochen – das kann ausnahmsweise sogar bei einem neuen Sattel passieren. Zum Schluß legt man sich den Sattel auf den Oberschenkel (mit dem Hinterzwiesel zum Bauch). Dann faßt man mit beiden Händen die Kammer und zieht den Sattel zu sich heran. Auch hierbei sollte man wieder auf verdächtige Bewegungen oder Geräusche achten. Ein intakter Baum muß formstabil bleiben und darf keine Geräusche von sich geben.

Nun zu den Einzelteilen eines solchen Sattels. Die Bezeichnungen sind für den Anfänger vielleicht verwirrend, trotzdem sollte man sich zur besseren Verständigung die wichtigsten Begriffe merken.

- **Vorderzwiesel (Kopf):** Die vordere Abdeckung der Sattelkammer.
- **Sattelkammer:** Wölbung über dem Widerrist; die Form wird durch das Kopfeisen vorgegeben.
- **Sitzfläche:** Der Aufbau der Sitzfläche ist abhängig von der Verwendung des Sattels. Meist aus stabilem Glattleder, möglichst ohne drückende Nähte in diesem Bereich.
- **Hinterzwiesel:** Auch Sattelkranz genannt, je nach Satteltyp unterschiedlich hoch und stark ausgeprägt.
- **Sattelblatt:** Größe und Länge sind abhängig vom Satteltyp. Die Form hängt auch von der Neigung des Sattelbaumkopfes ab.
- **Schweißblatt:** Unter dem Sattelblatt auf dem Pferdekörper aufliegend, hat Schutzfunktion. Neuerdings finden sich auch Pauschen am hinteren Ende des Schweißblattes, die Wadenpauschen.
- **Pauschen:** Aufpolsterung im Bereich des Reiterknies, eventuell auch hinter der Wade (Springsattel). Sie sollen dem Reiterbein mehr Halt bieten.
- **Gurtstrupfen:** Zwischen Schweiß- und Sattelblatt angebracht, zur Befestigung des Gurtes, meistens drei Strupfen. Welche beiden man benutzt, hängt von der Körperform des Pferdes ab: Bei rundrippigen Pferden eher die vorderen zwei, bei schlanken und austrainierten Pferden die hinteren zwei.
- **Bügelriemen:** Zur Aufhängung der Steigbügel. Sie sollten möglichst knapp vor dem tiefsten Punkt des Sattelsitzes angebracht sein, damit der Reiter sie mit natürlich fallendem Bein aufnehmen kann.
- **Steigbügel:** Empfehlenswert sind Sicherheitssteigbügel.
- **Sattelgurt:** Kann aus Leder gearbeitet sein, aber auch aus anderen Materialien. Bei Schnurengurten ist darauf zu achten, daß sich das Fell des Pferdes nicht zwischen den Schnüren verfängt und Gurtdruck entsteht. Dies läßt sich am leichtesten verhindern, indem man nach dem Gurten die Vorderbeine des Pferdes nach vorne herausstreckt, damit sich das Fell unter dem Gurt glattzieht.
- **Sattelschloß:** Dient zur Aufhängung des Steigbügelriemens. Der nach hinten und oben verlaufende Fortsatz (die Sturzfeder) muß entweder regelmäßig auf Funktion geprüft werden oder sollte gleich offen bleiben, damit bei einem Sturz der Steigbügelriemen hinausglei-

ten kann, wenn der Reiter mit dem Fuß im Bügel hängenbleibt.
- **Sattelkissen:** Ledertaschen zur Aufnahme des Sattelpolsterung. Die Sattelkissen müssen sehr sorgfältig gepolstert sein, damit der Sattel gleichmäßig aufliegt. Ist dies nicht der Fall, kippt er entweder nach vorn oder auch hinter den Schwerpunkt.

Dressursattel

Der Dressursattel ist in seiner heutigen Form den alten englischen Jagdsätteln noch am ähnlichsten. Der Vorderzwiesel steht senkrecht und bedingt dadurch das gerade, nicht nach vorne geschnittene Sattelblatt. Die Sitzfläche des Dressursattels ist kurz und hat einen tiefliegenden Schwerpunkt, da der Reiter „gut **im** Pferd" sitzen soll. Aus diesem Grund ist auch die Auspolsterung des Sattels etwas reduziert.

Die Sattelblätter sind schmal, gerade geschnitten und lang, so daß der Reiter mit relativ gestrecktem Bein und tiefliegendem Knie sitzt. Die Kniepauschen sind nur minimal bis gar nicht ausgeprägt, um den Sitz mit langem Bügel nicht zu stören. So kann das Bein des Reiters dichter am Pferd liegen. Der Hinterzwiesel ist im optimalen Fall nur wenig höher als der Vorderzwiesel und fördert durch seine Wölbung den tiefen Sitz des Reiters im Pferd. Die Trachten sind kurz und schmal, damit die in der Dressur sehr feinen Gewichtshilfen des Reiters dem Pferd über das Sattelkissen und den Pferderücken klar übermittelt werden können.

Aus diesem Aufbau läßt sich ableiten, daß der Dressursattel wirklich nur für die Dressurarbeit mit gestrecktem, tiefen Dressursitz geeignet ist. Der Sattel bietet dem Freizeitreiter wenig Halt, besonders im Gelände und im leichten Sitz. Auch ist der Dressursattel aufgrund seines Unterbaus mit den kurzen Sattelkissen nicht für lange Ritte geeignet, er verursacht dem

Pferd bei längerer Verwendung Rückenschmerzen, die zu Verspannungen oder auch Satteldruck führen können. Die beim Dressursattel verwendeten Sattelbäume sind in ihrer Form und Winkelung eher für Warmblüter entwickelt und liegen daher auf den rundrippigen Pony-, Kleinpferde- und Westernrassen nicht sehr gut auf. Das Druckrisiko erhöht sich dadurch mit einem solchen Sattel stark.

Ein Dressursattel mit langem Sattelblatt und gerader Vorderkante.

Springsattel

Der Springsattel unterscheidet sich vom Dressursattel in drei wesentlichen Punkten. Zum ersten ist der Vorderzwiesel nach hinten geneigt, damit das Sattelblatt weiter nach vorne ausgebildet werden kann. Dafür ist es nicht so lang wie beim Dressursattel, weil der Springreiter ja im

Sättel

leichten Sitz mit kurzem Bügel reitet. So kommt das Reiterknie höher und weiter nach vorn als im Dressursitz. Zum zweiten sind unter oder auf dem Sattelblatt Polsterwülste angebracht, die Knie- oder Wadenpauschen. Diese Pauschen bilden eine regelrechte Mulde für das Reiterbein, fixieren es so in seiner Lage und fördern den im Springsitz so wichtigen Knie- und Unterschenkelschluß. Außerdem hat der Springsattel einen längeren Sattelsitz. Auch der Sattelkranz des Springsattels ist flacher ausgebildet als beim Dressursattel. Durch die Form des Sattelsitzes sind die Sattelkissen etwas länger und weiter nach hinten ausgezogen.

Die Sitzfläche ist normalerweise stark „tailliert", also mit sehr schmalem Mittelstück. Das bedeutet, daß längeres Sitzen in einem solchen Sattel nicht sehr bequem ist. Eine so schmale Sitzfläche bedingt auch eine kleinere Auflagefläche auf dem Pferderücken mit den bekannten, daraus resultierenden Problemen. Auch beim Springsattel handelt es sich um einen Spezialsattel für den Springsport, der nicht für längere Geländeritte geeignet ist.

Vielseitigkeitssattel

Der Vielseitigkeitssattel, kurz auch **VS-Sattel** genannt, ist der wohl am häufigsten anzutreffende Satteltyp, weil er eben für den vielseitigen Einsatz am ehesten geeignet ist. Seine Sattelblätter sind kürzer gehalten als die des Dressursattels und nicht so weit nach vorn gezogen wie die des Springsattels. Der vordere und meist auch der hintere Sattel- oder Schweißblattrand sind mit Pauschen versehen, die nicht so stark ausgeprägt sind wie beim Springsattel, jedoch deutlichen Halt geben.

Der Sattelsitz ist ungefähr so lang wie beim Springsattel, hat jedoch einen relativ tiefen Schwerpunkt. Der Baum des VS-Sattels zeigt im Vorderzwiesel etwa einen 45°-Winkel in Richtung Sattelsitz.

Auch diese Sattelform ist eher geeignet für warm- und vollblütige Reitpferde mit ausgeprägtem Widerrist und guter Sattellage. Auf Pferden mit recht runder Rippenform kommen sie schnell ins Rutschen, drücken leicht und müssen daher oft mit Vorderzeug oder Schweifriemen befestigt werden.

Spezialsättel

Rennsattel

Der Vollständigkeit halber sei noch kurz der **Flachrennsattel** erwähnt. Unter allen europäischen Sätteln ist er mit maximal 1.500 g der leichteste. Der Sattelbaum ist ganz flach und schmal, da dieser Sattel nicht zum Sitzen gedacht ist. Der Hinterzwiesel läuft vollkommen flach aus. Viele Rennsättel verzichten auch ganz auf einen Sattelbaum und ersetzen diesen durch ein Filzformteil, das nicht mehr gepolstert werden muß. Sie entsprechen somit dem heute wieder häufiger benutzten **Sattel- bzw. Reitkissen**. Aufgrund des fehlenden Sattelbaumes kann dieses weder in der Schulter noch im Rücken drücken oder einzwängen. Allerdings ist für den Einsatz eines solchen Reitkissens ein korrekter Grundsitz des Reiters Voraussetzung, da er sonst dem Pferd durch seinen Sitz und unruhige Bewegungen im Rücken Probleme bereiten kann – und zwar in erheblich stärkerem Ausmaß, als dies mit einem konventionellen Sattel möglich ist. Trotzdem ist ein Reitkissen besonders für Reitanfänger im Kindesalter eine sehr gute Möglichkeit, den direkten Kontakt zum Pferderücken zu erfahren.

Damensattel

Der Damensattel existiert in gewissen Variationen schon seit dem 16. Jahrhundert. Dies ist ein **Seitsattel** mit flachem Baum. Die Sitzfläche ist meist aus Wild- oder

Rehleder, um dem Reiter einen rutschfesten Halt zu geben. Der Vorderzwiesel hat zwei Hörner, die eine Gabel bilden. Im oberen Teil der Gabel ruht der rechte Schenkel der Reiterin. Der untere, verstellbare Teil ist so geneigt und befestigt, daß er das linke Bein der Reiterin stützt. Für das linke Bein findet man häufig eine ausgearbeitete Schenkellage und natürlich einen Steigbügel in herkömmlicher Form.

Textilsättel

Sättel aus High-Tech-Gewebe unterscheiden sich in ihrem grundsätzlichen Aufbau nicht sehr von den konventionellen Ledersätteln. Textilsättel sind jedoch wesentlich **leichter.** Sie wiegen etwa 3 bis 4 kg, ein Ledersattel dagegen 6 bis 10 kg. Zum zweiten passen sie sich aufgrund der Polsterung oft besser an den Pferderücken an als ein auf einen Sattelbaum aufgearbeiteter stabiler Ledersattel. Das Preis-Leistungs-Verhältnis ist hier ohne Frage sehr gut, wenn auch ein solcher Sattel bei gleicher Pflege sicher nicht so lange hält wie ein guter Ledersattel. Ein weiterer Vorteil dieser Sättel liegt darin, daß sie relativ problemlos für verschiedene Pferde benutzt werden können. Das Kopfeisen auszuwechseln oder zu verstellen ist sehr einfach. Außerdem ist ein verstellbares Kopfeisen sehr praktisch, da sich der Rücken eines Pferdes durch wechselnden Trainings- bzw. Ernährungszustand deutlich verändern kann.

Die Pflege von Textilsätteln ist sehr einfach. Ein verschmutzter Sattel kann mit einem nassen Tuch oder Schwamm gereinigt werden, da diese Gewebe schnell trocknen. Zusätzlich entfällt das aufwendige Einfetten, das bei Ledersätteln unbedingt notwendig ist. Besonderes Augenmerk sollte bei der Sattelpflege dem gesamten Riemenzeug gewidmet werden. Brüchige oder angerissene Bügelriemen oder Gurtstrupfen müssen aus Sicherheitsgründen sofort ausgetauscht werden.

Westernsättel

Genauso wie der europäische Sattel ist auch der Westernsattel im Laufe der Jahrhunderte immer wieder verändert worden. Heute ist er in den unterschiedlichsten Modellen auf dem Markt erhältlich. Der Urvater der heutigen Westernsättel war ebenfalls ein Kavalleriesattel. Allerdings handelt es sich hier um spanische Sättel, die mit den Konquistadores nach Amerika kamen. Im Laufe der folgenden Jahrhunderte wurde dieser Sattel entsprechend seinem Einsatzzweck als Langstrecken- und Arbeitssattel weiterentwickelt. Weitere Formen entstanden in dem letzten Jahrzehnten, als zum eigentlichen Einsatzzweck als Arbeitssattel auch in Amerika eine Variante des Pferdesports dazukam, nämlich die Rodeo- und Westernsport-Reiterei.

Trotzdem kann kein Westernsattel seinen ursprünglichen Verwendungszweck – die Arbeit mit Rindern – verleugnen. Eigentlich handelt es sich hier um einen Trachtensattel mit sehr großer Auflagefläche beiderseits der Wirbelsäule, die im Gegensatz zum englischen Sattel sogar die Schulterpartie des Pferdes mit einbezieht. Der Westernsattel liegt weit nach vorn gezogen auf dem Schulterblatt des Pferdes auf und behindert so die Schulter- bzw. Vorhandaktion des Pferdes nicht.

Außerdem ist der Sattelbaum so geschnitten, daß er beiderseits des Widerristes sehr tief aufliegt. Hierdurch bekommt der Westernsattel seine extrem stabile Lage auf dem Pferderücken; wenn der Baum paßt, rutscht und wackelt der Sattel nicht, auch wenn sich ein schwergewichtiger Reiter einmal ungeschickt bewegt. Diese tiefe Lage wird durch das Unterleder, das sogenannte Skirt, noch unterstützt, das den vom Sattelbaum schon vorverteilten Druck des Reitergewichtes im Sattel aufnimmt und noch flächiger auf dem Pferderücken verteilt.

Sättel

Allerdings ist auch beim Westernsattel die genaue Paßform von Sattel und Sattelbaum Voraussetzung für eine gute und korrekte Lage und Druckverteilung. Länge und Winkelung des Sattelbaumes müssen dem Pferderücken entsprechen. Im Laufe der Zeit wurden viele unterschiedliche Sattelbäume entwickelt, um den verschiedenen Pferdetypen und Rassen gerecht zu werden.

Vor allem bei Freizeitreitern sind Westernsättel heute sehr beliebt und werden englischen Sattelformen vorgezogen. Sowohl für junge als auch ältere Pferde hat dieser Sattel eigentlich nur Vorteile zu bieten. Durch seine flächige Auflage entlastet er den Bereich des langen Rückenmuskels rechts und links der Wirbelsäule. Dieser Muskel wird vom Pferd automatisch angespannt, wenn es Gewicht tragen muß oder sich unwohl fühlt, weil Unbekanntes oder Unbehagliches auf das Pferd einwirkt. Der konventionelle englische Sattel belastet ein Pferd genau hier auf dem dann angespannten langen Rückenmuskel und kann so zusätzliches Unbehagen verursachen, das sich bis zum Schmerz steigern kann. Dieser Schmerz äußert sich in Abwehrreaktionen, im extremen Fall als Bocken, Steigen oder Durchgehen. Sind diese Verhaltensweisen für den Reiter an sich schon unangenehm genug, so können solche Rückenschmerzen, wenn das Problem unerkannt bleibt und daher chronisch wird, schwerwiegende Erkrankungen des gesamten Bewegungsapparates nach sich ziehen. Viele Arthritis-Schäden wurden durch solche Rückenschmerzen verursacht, da manche Pferde sich als Folge eine möglicherweise gelenkabnutzende Schonhaltung angewöhnen.

Der Westernsattel bietet guten, sicheren Sitz und Halt und vermeidet die zuvor beschriebenen Abwehrreaktionen. Der nicht ganz so sportliche Freizeitreiter kann sich am Horn zusätzlich Halt verschaffen, wenn das Pferd in schwierigen Geländesituationen stolpert oder scheut oder wenn eine Böschung oder ein Graben gesprungen werden müssen. Außerdem sind die Bügel am Westernsattel in der Regel groß und schwer, so daß das Wiederaufnehmen eines verlorenen Bügels auch in einer kritischen Situation gelingt. Die leider auch auf dem Markt erhältlichen mit Metall verkleideten leichten Holzbügel wie auch Kunststoffbügel sollten auf alle Fälle gegen schwere, lederbezogene Steigbügel ausgetauscht werden.

> Als letzter, aber sehr wichtiger Punkt ist der eigentliche Reitstil zu nennen. Der Westernsattel fördert den Balancesitz ohne konstante Muskelanspannung. Diese Entspanntheit überträgt sich ganz automatisch auch auf das Pferd, es geht ruhiger und gelassener.

Sattelbäume

Wie schon gesagt haben sich im Laufe der Zeit verschiedene Sattelbäume entwickelt, um eine vernünftige Paßform des Westernsattels auf Pferden unterschiedlichen Typs zu garantieren. Diese einzelnen Bäume unterscheiden sich in der Breite und Höhe der Kammer ebenso wie in der Länge und Winkelung der Trachten und garantieren so die korrekte Paßform. Es gibt drei verschiedene Typen von Sattelbäumen:

- **Holzbaum,** auch Rawhide-Tree genannt
- **Kunststoffbaum,** aus Glasfiber oder speziellen Sattelkunststoffen
- **Schichtholzbaum**

Der älteste Sattelbaumtyp ist der **Holzbaum.** Er ist vollständig aus Massivholz gefertigt und kann daher dem Verwendungszweck bzw. den Körpermaßen von Pferd und Reiter individuell angepaßt werden. Er wird in der Regel von Hand gemacht und ist im Handel dann unter der Bezeichnung „Custom Made" erhältlich. Wenn der Holzsattelbaum seine fertige Form hat, wird er in feuchte Rohhaut

Westernsättel: Sattelbäume

(Rohleder) eingenäht, die sich während des Trocknens zusammenzieht und extrem hart wird. Danach wird der Rawhide-Tree noch gegen Feuchtigkeitseinflüsse imprägniert, bevor der Sattler in weiteren Arbeitsgängen das Skirt, den Sitz und das Verkleidungsleder aufbringt, um so einen fertigen Westernsattel herzustellen.

Dieser Holzbaum ist mit Abstand der formstabilste und haltbarste Sattelbaum, aber leider auch der schwerste. Sättel mit Rawhide-Tree bringen es locker auf ein Gesamtgewicht von 15 kg und mehr.

Um einiges leichter und aufgrund der kostengünstigeren Serienherstellung heute auch wesentlich weiter verbreitet sind Sattelbäume aus verschiedenen **Kunststoffen.** Eines der bekanntesten Materialien ist **Ralide.** Dies ist eine der formstabilsten und haltbarsten Kunststoffe, aus denen heute Westernsattelbäume hergestellt werden. Diese Sattelbäume aus Kunststoff oder auch aus Fiberglas werden in einem Stück gegossen. Sie sind gut belastbar, durch Alterungsprozesse bedingt aber leider nicht so formstabil und haltbar wie ein Rawhide-Tree. Dafür liegt das Gewicht eines Sattels mit Kunststoffbaum mit Sicherheit um mindestens 5 kg niedriger als mit Holzbaum, so daß solch ein Sattel auch für leichtere, zierliche Pferde empfehlenswert ist.

Billigere Importsättel aus Mittel- und Südamerika haben oft Holzbäume, die allerdings nicht aus einem Massivholzstück sondern aus Schichtholz gefertigt wurden, das heißt aus vielen, miteinander verleimten dünnen Holzschichten. Diese Bäume sind auch oft noch in Rohhaut oder Segeltuch eingenäht, so daß sie für einen Laien nur schwer von einem Custom Made Rawhide Tree zu unterscheiden sind. Leider sind aber solche Schichtholzbäume mit Abstand nicht so hochwertig wie die Rawhide-Trees. Im Zweifelsfall sollte ein Fachmann zu Rate gezogen werden, wenn es um die Beurteilung eines solchen Sattelbaumes geht. Formstabilität und Haltbarkeit von Schichtholzbäumen sind mit echten Holzbäumen nicht zu vergleichen. Auch Materialfehler kommen bei solchen Sattelbäumen relativ häufig vor. Ähnlich wie die Trachten eines englischen Sattels können diese bei großer Belastung oder auch einem Sturz sehr schnell brechen.

Der Sattelbaum des Westernsattels ist das Kernstück eines Arbeitssattels für die Rinder- und Hütearbeit. Der massiv aufgebaute **Vorderzwiesel mit Horn** diente dem Reiter als Hilfe bei der Lassoarbeit, während der ebenfalls recht hohe Hinterzwiesel den Reitersitz in schwierigem Gelände stabilisieren und unterstützen sollte. Die Form sowohl von Vorder- wie auch Hin-

Der „GOT-Oldtimer" ist ein hochwertiger Western- und Wanderreitsattel.

Sättel

terzwiesel veränderte sich im Laufe der Jahrhunderte. Nicht zuletzt die Rodeo- und Sportreiterei stellten spezielle Anforderungen und bewirkten dadurch die Entwicklung spezialisierter Sättel und Sattelbäume. Diese findet man inzwischen leider auch bei normalen Westernsätteln, so daß sich der Freizeitreiter heute teilweise mit Sattelformen herumplagen muß, die für ihn das genaue Gegenteil von dem sind, was er beim Westernsattel eigentlich sucht. Solche Spezialbäume erleichterten dem Reiter die Seilarbeit (deshalb auch: **Roping Sattel**), dafür verhindern sie durch den nach vorn ansteigenden Grundsitz der Sattelfläche einen korrekten reiterlichen Sitz und die dazugehörige Einwirkung. Diese Sättel sind daher für den Freizeitreiter nicht zu empfehlen.

Am besten geeignet und am vielseitigsten verwendbar ist wohl der **Pleasure- oder Gebrauchssattel,** den es wie alle anderen auch in den unterschiedlichen Baumtypen Full Quarter, Semi Quarter und Arabian Tree gibt. Der **Full Quarter** oder auch Quarter Horse Tree ist ein Sattelbaum, der für Pferde mit mittlerem Widerrist und relativ langem Rücken geeignet ist. Es ist der Sattelbaum mit den längsten Trachten, der in der Schulterwinkelung so weit ausgestellt ist, daß er bei normalen europäischen Reitpferden zu weit ist.

Der **Semi-Quarter-Tree** hat mehr Widerristfreiheit, also eine höhere Kammer, auch Gullet genannt, und ist daher auch für solche Pferde geeignet, die in der Schulter recht schmal bzw. entsprechend austrainiert sind. In der Trachtenlänge ist er oft auch ein bis zwei Inch kürzer zu haben als der Full Quarter Tree.

Der **Arabian Tree** ist der Sattelbaum, der in Deutschland oft zu Verwirrung führt, weil er deutschen Arabern in der Regel nicht paßt. Dafür liegt er fast perfekt auf den meisten Freizeitpferden (Norweger, Isländer, Deutsches Reitpony, Deutsches Warmblut). Er hat die gleiche oder sogar noch etwas weniger Widerristfreiheit wie der Semi Quarter Tree. Allerdings ist er in der Schulter so weit ausgestellt, daß er auf recht rundrippige bis korpulente Pferde paßt. Außerdem ist er recht kurz und eignet sich daher für viele Pony- und Kleinpferderassen.

Paßform

Um die Paßform des Westernsattels zu beurteilen, wird er möglichst ohne Unterlage auf den Pferderücken gelegt. Dann werden folgende Punkte überprüft:

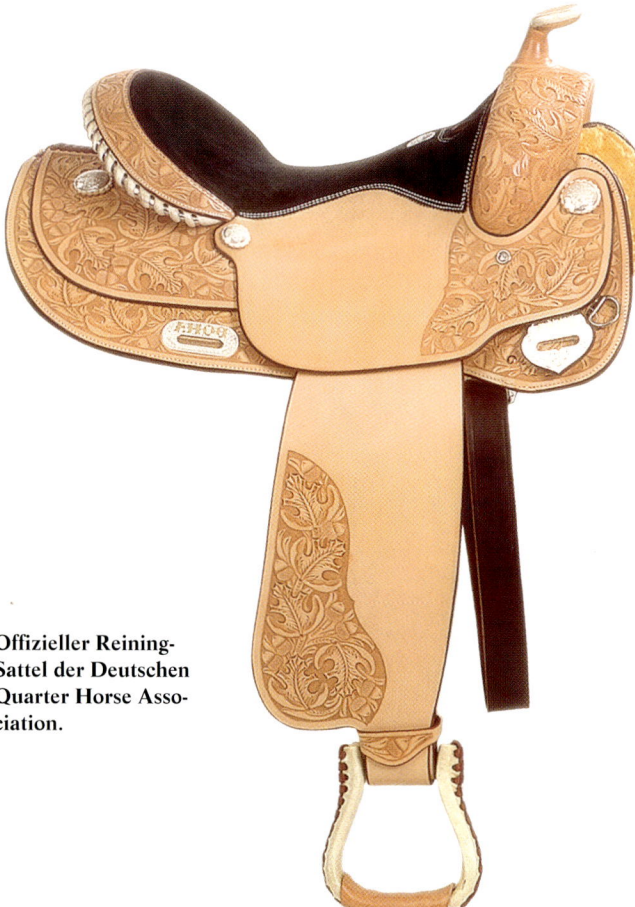

Offizieller Reining-Sattel der Deutschen Quarter Horse Association.

Westernsättel: Paßform

- Ist der Sattel in der Kammer hoch genug? Im angegurteten Zustand sollte noch mindestens zwei bis drei Finger Platz zwischen Widerrist und Fork sein. Es ist falsch, daß man einen Westernsattel mit zwei bis drei Sattelunterlagen passend macht. Er muß genauso zu dem Pferderücken passen wie ein englischer Sattel, deshalb gibt es verschiedene Ausführungen und Sattelbäume.
- Ist der Sattel in der Schulter weit genug? Der Westernsattel darf im Schulterbereich nirgendwo kneifen oder drücken, sonst entstehen Druckstellen, die dem Pferd Schmerzen verursachen.
- Liegt der Sattel auf dem Rücken voll auf? Dies wird beim ungegurteten Sattel geprüft, indem man mit der flachen Hand zwischen Pferderücken und Skirting durchfährt. Beurteilt wird nach den gleichen Kriterien wie beim englischen Sattel (siehe S. 84).

Die Qualität von verschiedenen angebotenen Modellen kann enorm variieren. Nicht immer ist der teure Sattel der Bessere. Es lohnt sich, auch hier genau hinzusehen.

- **Verarbeitung:** Sind alle Nähte einwandfrei, die Fäden entsprechend gut vernäht?
- **Qualität des Leders:** Hat es eine glatte, unbeschädigte, feinnarbige und geschlossene Oberfläche, macht es einen stabilen, aber trotzdem geschmeidigen Eindruck oder ist es eher trocken, rissig und porös?
- **Gurtsystem (Rigging):** Ist es variabel in der Position, sind die Befestigungspunkte sicher (geschraubt) oder vielleicht nur angetackert, sind die Gurte (Billets) lang genug und in einwandfreiem Zustand?
- **Steigbügelaufhängung:** Hängt der Fender im Baum selbst oder ist er womöglich nur angenietet? Die Verstellmöglichkeiten am Fender zum Anpassen der Bügellänge sind sicher Geschmackssache. Ob man hier eine Schnalle oder einen Schnellverschluß vorzieht ist nur dann von Bedeutung, wenn der Sattel von verschiedenen Reitern benutzt wird und deshalb auch häufig die Bügellänge verstellt werden muß.
- **Round- oder Square-Skirt:** Dies hängt davon ab, wie lang der Rücken des Pferdes ist. Bei sehr kompakten, kurzen Pferden kommt in der Regel nur ein Round-Skirt-Sattel in Frage, da ansonsten das Skirting-Leder an die Hüfthöcker des Pferdes stößt und dort bei jeder Bewegung scheuert. Ist der Rücken des Pferdes ausreichend lang, ist auch diese Entscheidung eher Geschmackssache. Sowohl Square-Skirt wie auch Round-Skirt-Sattel verteilen das Reitergewicht gut.

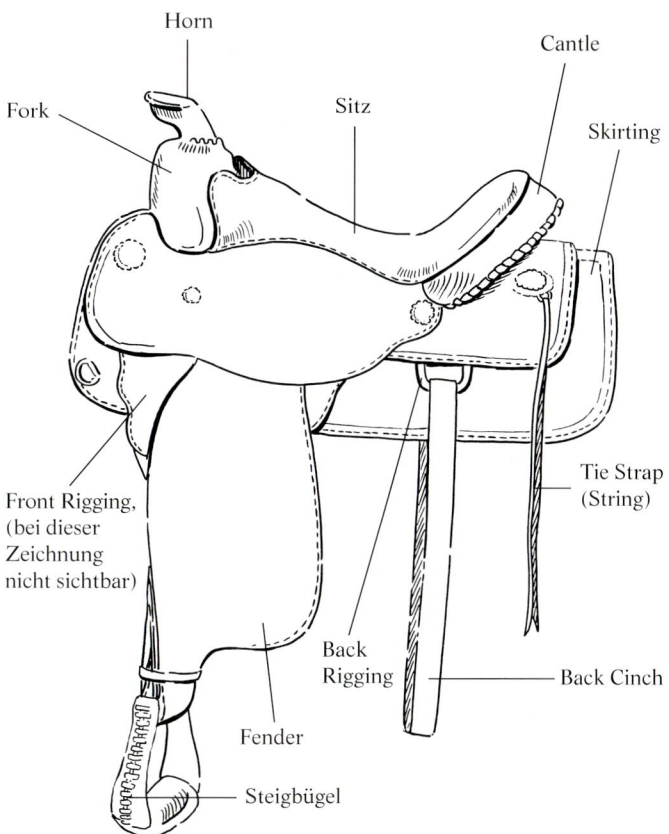

93

Sättel

Ansonsten hat der Reiter die Qual der Wahl zwischen den unterschiedlichsten Dekors für das Deckleder am Sattel, zwischen Glattleder (pflegeleicht) und Rauhleder-Sitzen (guter Halt), Sätteln mit Silberbeschlägen oder ohne und unzähligen weiteren Modellen.

Pleasure Sattel

Warum ist nun der Pleasure Sattel der für den Freizeitreiter am besten geeignete Sattel? Pleasure heißt Freude, Vergnügen, Annehmlichkeit, und genau hierfür wurde dieser Sattel entwickelt, nämlich für entspanntes, auch längeres Reiten in angenehmer Art und Weise.

Pleasure Sättel gibt es mit allen drei bereits erwähnten Sattelbäumen, so daß sicher für jedes Pferd der passende Sattel gefunden werden kann. Ansonsten zeichnet sich der Pleasure Sattel durch einen korrekten Grundsitz aus, der dem Reiter einen ebenen tiefen Schwerpunkt zum Sitzen bietet, ohne ihn an das Cantle zu drücken oder ihn aus dem entspannten Gleichgewichtssitz zu drängen.

Der Vorderzwiesel (Fork) ist relativ niedrig und schmal gehalten, mit nur kurzem, nach vorn geneigtem Horn. Der Reiter kann so auch einmal im Entlastungssitz galoppieren und über kleinere Gräben oder Geländehindernisse springen.

Der Sitz selbst ist eben, also nicht nach vorn ansteigend, und entweder aus rauhem Wildleder oder aus Glattleder mit entsprechenden Steppnähten zur Verbesserung der Griffigkeit. Zu beachten ist hier, daß es wie bei englischen Sätteln auch unterschiedliche Sitzgrößen gibt. Die Standardgröße beträgt 15 Inch (38 cm) und paßt für normal gebaute erwachsene Reiter und ältere Jugendliche. Schwere Reiter sollten einen Sattel mit 16 bis bzw. 17-Inch-Sitz wählen, damit sie beim Reiten ausreichende Bewegungsfreiheit haben und sich nicht eingezwängt fühlen.

Der Hinterzwiesel (Cantle) ist relativ niedrig ausgeprägt, so daß das Auf- und Absitzen auch nicht ganz so gelenkigen Reitern problemlos möglich ist. Dies ist wichtig, wenn der Sattel beim Behindertenreiten eingesetzt werden soll. Zudem erlaubt ein flaches Cantle eine relativ große Bewegungsfreiheit im Sattel im Gegensatz zum Schalensitz beispielsweise, wie man ihn oft bei Roping- oder Cuttingsätteln findet.

Die Bügel sind schwer und breit, damit sie auch bei längeren Ritten eine gute Auflagefläche für den Fuß bieten. Die Fender sind breit geschnitten, um das Reiterbein vor Schweiß zu schützen.

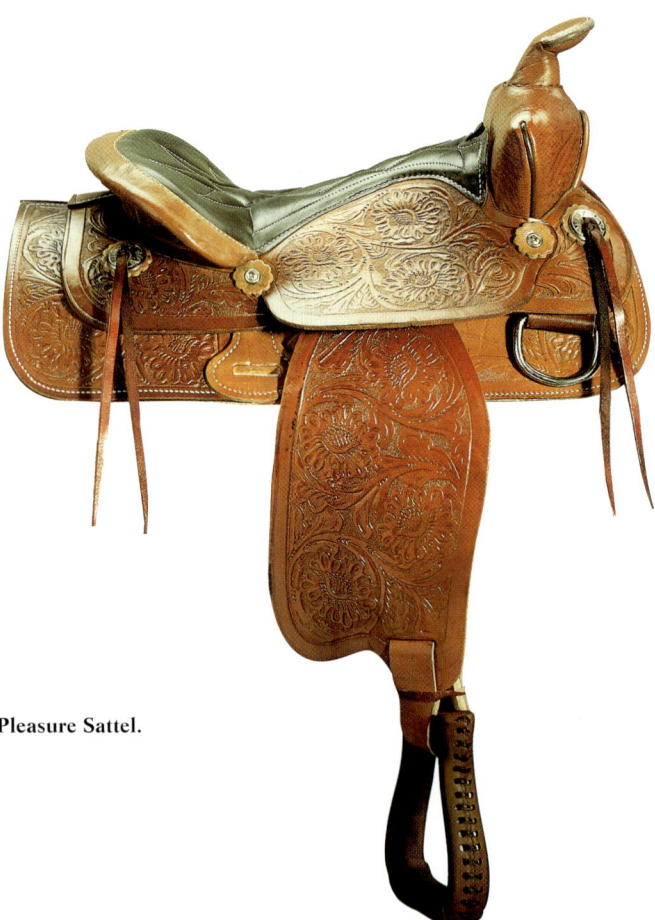

Pleasure Sattel.

Roping-Sattel

Das Gurtungssystem (Rigging) ist in der Regel ein 7/8-Rigging, das heißt, der Gurt liegt so weit zurück, daß weder Vorderzeug noch zweiter Bauchgurt benötigt werden. Bei Pferden ohne aufgezogene Flanke kann auch ein Center-Fire-Rigging benutzt werden. Liegt nämlich das Rigging zu weit hinten, braucht man ein Vorderzeug, weil der Sattel ansonsten noch weiter nach hinten rutscht. Liegt das Rigging dagegen zu weit vorn, scheuert es zum einen an den Vorderbeinen des Pferdes, zum zweiten besteht das Risiko, daß der Sattel beim Galoppieren oder Stoppen des Pferdes nach vorne klappt. Hier muß man einen zweiten Bauchgurt (Back Cinch) einsetzen.

Das Skirting Leder (Unterleder), das Stützfunktion übernimmt, kann entweder eckig (square skirt) oder rund (round skirt) sein. Dies ist abhängig von der Rückenlänge des Pferdes. Das Skirt darf nicht an die Hüfthöcker des Pferdes stoßen und dort scheuern. Es muß aus sehr steifem Leder gefertigt sein, da es trachtenähnliche Funktion übernimmt und das Reitergewicht über den Rücken und die Rippen des Pferdes verteilt.

Auch beim Pleasure Sattel ist darauf zu achten, daß die Verarbeitung einwandfrei ist. Gerade bei so wenig spezialisierten Sätteln sind leider viele billige und schlechte Angebote auf dem Markt, mit denen man seinem Pferd mehr schaden als nutzen kann. Gute Pleasure Sättel sind heute im Fachhandel in Preislagen ab etwa DM 1.500,- zu erhalten. Freizeitreiter sollten sich an den kompetenten Fachhandel wenden, denn oft sind Billigangebote vom Laien nicht von den hochwertigen Markensätteln zu unterscheiden. Verzierungen des Deckleders und die Punzierungen täuschen oft darüber hinweg, daß es sich um einen ausgesprochen harten, billigen Sattel aus minderwertigem Leder handelt, der auch nach jahrelangem Einsatz nicht weich und komfortabel werden wird.

> Der Pleasure Sattel ist vielseitig einsetzbar. Egal, ob man nur einen netten Ausritt in die nähere Umgebung machen will und für zwei Stunden unterwegs sein wird, oder ob man einen mehrtägigen Streckenritt plant, durch seine große Auflagefläche auf dem Rücken ist dieser Sattel für das Pferd immer bequem zu tragen. Gleichzeitig bietet er ein Höchstmaß an Sitzkomfort wie auch an Sicherheit und Halt in kritischen Geländesituationen. Außerdem hat man ausreichend Möglichkeiten, Gepäck am Sattel zu befestigen.

Das Gleiche gilt für den **Ranch- oder Gebrauchssattel.** Der einzige Unterschied zwischen ihm und dem Pleasure Sattel ist die Ausprägung von Fork und Horn. Beim Gebrauchssattel sind diese entsprechend aufrechter und größer ausgeprägt, damit der Reiter bei der Seilarbeit Unterstützung durch den Sattel hat. Auch der Gebrauchssattel ist für den Freizeiteinsatz hervorragend geeignet.

Spezialsättel

Im Laufe der Jahrhunderte haben sich die verschiedensten Spezialsättel entwickelt, speziell für die jeweiligen Anforderungen. Heute haben diese Spezialitäten leider Eingang gefunden in den Bereich der Freizeitreiterei, für die sie jedoch ganz und gar nicht geeignet sind.

Roping Sattel

Dieser Sattel, kurz **Roper** genannt, ist eigentlich eine Spezialität für den Rodeosport. Er wurde von den großen Sattlereien in den Vereinigten Staaten in großen Stückzahlen hergestellt und auf dem Markt verbreitet. Er wurde so zu einer Art Standardsattel des Westernreitens. Der

Sättel

Roping Sattel, ausgestattet mit hochaufgebauter, schwerer Fork und großem Horn hat in seiner alten Ausprägung zusätzlich noch einen nach vorn zur Fork hin deutlich ansteigenden Sattelsitz. Dies ist sicher für die Lassoarbeit beim Rindereinfangen sinnvoll, hilft es doch dem Reiter, den Ruck auszusitzen, wenn das Lasso sich spannt. Allerdings drängt dieser Aufbau den Reiter beim normalen Reiten an das Cantle und somit hinter die Senkrechte, so daß eine korrekte reiterliche Einwirkung aufgrund des fehlenden Gleichgewichtssitzes nicht mehr möglich ist.

Außerdem haben Roping Sättel in der Regel ein Full Double Rigging, das heißt eine **Doppelgurtung** ganz vorn und weit hinten am Sattel, die nur für die Lassoarbeit benötigt wird. Für den Freizeitbereich ist das Full Double Rigging nicht zu empfehlen, weil es zum einen an den Vorderbeinen scheuern und Druckstellen verursachen kann. Zum zweiten benutzen viele Freizeitreiter aus Unkenntnis auch beim Full Double Rigging nur den vorderen Gurt, weil sie das von den englischen Sätteln so gewohnt sind. Es kann dann aber passieren, daß der Sattel im flotten Trab oder Galopp regelrecht hinten hochklappt. Ein solches Full Double Rigging findet man übrigens auch bei sehr vielen billigen Importsätteln aus Mittel- und Südamerika.

Cutting Sattel

Dieser Sattel wurde für die Arbeit an der Herde bzw. am einzelnen Rind benutzt. Cutting ist das Aussondern eines einzelnen Rindes aus einer Herde. Für diesen Zweck hat dieser Sattel einen Sitz, in dem sich mancher Reiter regelrecht eingesperrt fühlen mag. Die Fork ist nämlich sehr ausladend. Sie soll dem Reiterbein bei den ruckartigen Bewegungen eines selbständig arbeitenden Rinderpferdes Halt geben, damit er nicht seitwärts aus dem Sattel fliegt. Ebenso speziell ist das Cantle ausgeformt. Es geht hoch hinaus und läuft seitwärts sehr weit um den Sattelsitz herum – aus dem gleichen Grund wie die weit ausladende Fork. Es soll dem Reiter Halt geben, während das Pferd mit Cow Sense mit extremen Sätzen nach rechts oder links verhindert, daß das ausgesonderte Rind wieder zur Herde zurückläuft. Auch der Cutting Sattel hat normalerweise ein Full Double oder auch ein Center Fire Rigging. Die Nachteile wurden bereits beim Roping Sattel erwähnt.

Barrel Racer

Der Barrel Racer ist ein Sattel mit hoch aufgebauten Fork und Cantle, damit der Reiter Halt findet bei den schnellen und engen Wendungen im Rennen. Hinzu

Hochwertiger Roping- und Arbeitssattel mit handgearbeitetem Tooling.

kommt, daß der Barrel Racer Sattel einen extrem **tiefen Schwerpunkt** im Sattelsitz hat. Dieser liegt so tief, daß der Baum sich nach unten (dem Pferderücken entgegen) wölbt und deshalb eine sehr punktuelle Belastung des Pferderückens mit sich bringt. Dieser Sattel ist jedoch auch nicht für den Langzeiteinsatz entwickelt worden, sondern für den Renneinsatz, so daß der Pferderücken jeweils nur wenige Minuten mit diesem punktuellen Druck belastet wird. Es kann sich aber jeder Reiter selbst ausmalen, was passiert, wenn ein solcher Sattel über mehrere Stunden oder sogar Tage verwendet wird.

Bronc Sattel

Ein weiterer Spezialsattel, der aber im Gegensatz zu den bisher beschriebenen Typen keinen Eingang in die Gebrauchs- und Freizeitreiterszene gefunden hat, ist der Bronc Sattel, der speziell für das **Einreiten** von Broncos (Mustangs) bzw. für das Bronco-Rodeo-Riding entwickelt wurde. Auch dieser Sattel hat ein Full Double oder ein Center Fire Rigging.

Endurance Sattel

Für den Freizeitreiter dagegen gut geeignet ist der Endurance (Ausdauer) bzw. Trail Sattel. Es handelt sich um einen hornlosen Westernsattel in recht kurzer, leichter Ausführung. Aufgrund des geringen Gewichts bei ansonsten gleicher Ausstattung wie der Westernsattel ist er besonders für **Langstreckenritte** empfehlenswert. Leider ist der Endurance auf dem Markt bisher meist nur mit Quarter und Semi Quarter-Baum erhältlich, so daß er vielen Kleinpferden, für die er aufgrund seiner Länge besonders geeignet wäre, nicht paßt.

Cutting Sattel.

Der „Endurance" ist speziell nach den Wünschen von Distanz- und Wanderreitern gefertigt.

Sättel

Trachtensättel

Die klassische Alternative zum Westernsattel ist für den Freizeitreiter sicherlich der Trachtensattel. Dieser Sattel vereint den Sitz und Sattelaufbau des englischen Sportsattels mit der schonenden, breiten Auflagefläche des Westernsattels, auch wenn dieser Punkt beim Trachtensattel leider nicht ganz so elegant gelöst ist wie beim Westernsattel mit seinem stützenden Unterleder.

Am deutlichsten erkennt man die Unterschiede zwischen einem englischen Sportsattel und dem Trachtensattel, wenn man beide herumdreht und den Unterbau, der normalerweise auf dem Pferderücken liegt, vergleicht. Beim Sportsattel sind die eigentlichen Auflageflächen, also die gepolsterten Sattelkissen, jeweils ca. 3 bis 5 cm breit und je nach Sattelgröße zwischen 45 und 55 cm lang. Das heißt also, ein Reiter mit einem Durchschnittsgewicht von 75 kg, also ein schlanker Erwachsener, belastet mit einem solchen Sattel den Rücken des Pferdes mit etwa 230 g/cm². Da die Auflagefläche beim Trachtensattel mit einer durchschnittlichen Breite von 8 bis 10 cm und einer durchschnittlichen Länge von 55 bis 65 cm je Seite erheblich größer ist, belastet der Reiter den Pferderücken hier mit nur 60 g/cm² und ist daher für das Pferd wesentlich angenehmer zu tragen.

Durch diese eindeutig bessere Lastenverteilung bietet der Trachtensattel sich für **Langstrecken- und Wanderritte** an, zumal er im Gegensatz zum normalen Sportsattel viele Packringe und Ösen hat, an denen das Gepäck befestigt werden kann. Hier bieten die deutlich über den Sattel hinausragenden Trachten den zusätzlichen Vorteil, daß trotz Packtaschen und Gepäck die Belüftung des Wirbelsäulenkanals nicht unterbrochen wird. Die Packtaschen werden hier auf den Trachten befestigt und liegen nicht direkt auf der Satteldecke auf.

Bekannte Hersteller wie Forrestier und Appaloosa bieten mittlerweile ebenfalls sehr hochwertige Trachtensättel für alle Verwendungszwecke an. Es gibt sie mit den unterschiedlichsten Bäumen und Ausführungen für alle Pferdetypen.

Haflingersattel

Bei den heute im Handel angebotenen Haflingersätteln handelt es sich meist um Standard-Trachtensättel mit mittlerer Sattelkammer. Der moderne Haflingertyp hat jedoch inzwischen Reitpferdepoints im Zuchtziel und bringt eine entsprechende Sattellage mit. Für die meisten Haflinger können also auch kleine Standard-Sportsättel benutzt werden. Für den Haflinger des alten Schlages mit wenig ausgeprägtem Widerrist und sehr geradem Rücken sind nach wie vor Sättel mit besonders weiter Kammer nötig.

Daß unter der Bezeichnung Haflingersattel ein Trachtensattel verkauft wird, beruht auf geschichtlichen Gründen. Der Haflinger wurde über lange Zeit von Bergbauern und Gebirgstruppen als sogenanntes Saumpferd genutzt. Er wurde eingesetzt, um mit Packsattel Traglasten zu befördern oder um den Reiter mit entsprechendem Trachtensattel über weitere Strecken durch bergiges Gelände zu tragen. Zur Schonung des Pferderückens entwickelte sich daher auch hier der rückenschonende Trachtensattel zum Standardsattel dieser Rasse und Region.

Isländersattel

Das Islandpferd gehört ebenso wie der Haflinger aufgrund seiner Herkunft zu den Pferderassen, die auf langen Strecken eingesetzt werden. In solchen Ländern ging die Entwicklung beim Sattelzeug immer zum Trachtensattel, der mit dem Rücken der Pferde bei Dauerbelastungen einfach schonender umgeht. Also entwickelte sich auch der typische Isländersattel als ein Trachtenmodell, das allerdings auch die eine oder andere Besonderheit aufweist.

Er ist als Sattel für Gangpferde sehr flach gehalten, mit mittlerer bis breiter, aber sehr niedriger Sattelkammer, da die meisten Islandpferde kaum Widerrist haben. Oft ist die Sattelkammer zurückgezogen, d.h., das Deckleder über dem Kopfeisen springt nach hinten und bildet eine halbkreisförmige Öffnung. Diese Öffnung ist besonders für Tölter eine sinnvolle Entwicklung, da ja das Pferd beim Tölt mit sehr hohem Kopf geht und den Hals oft schon im Ansatz nach hinten und oben drückt.

Außerdem hat der **Töltsattel** einen sehr langen und ebenen Sattelsitz mit nur ganz flach ausgearbeitetem Sattelkranz, da der Reiter beim Tölten mit seinem vollen Körpergewicht im Sattel einsitzt. Die gerippte oder gesteppte Sitzfläche gibt zusätzlichen Halt. Das Sattelblatt ist meist relativ weit vorgezogen, da der Töltsitz der Vergangenheit in etwa dem entspricht, was man im klassischen Reiten als Stuhlsitz definiert. Der Reiter sitzt leicht hinter der Senkrechten mit nach vorn gestreckten Beinen.

Ein weiteres typisches Merkmal dieses Sattels ist die **Schweifriemenöse**. Sie ist wichtig, da bei Islandpferden aufgrund ihrer Anatomie der Sattel leicht nach vorn rutscht. Isländer haben eine enge Schulter und eine eher rumpfige Mittelhand. Außerdem ist unter den Liebhabern dieser Rasse gut bekannt, daß die meisten Tiere enges Gurten nicht mögen.

Neben dem eigentlichen Töltsattel haben sich auch in Island weitere Sattelformen entwickelt, die nicht speziell zum Tölten gebaut sind. Ein Teil dieser Sättel haben schräg angeordnete Gurtstrupfen, die dem Sattel den entsprechenden Halt geben. Allerdings sind diese Varianten außerhalb Islands so gut wie nicht zu finden.

Ein typischer Töltsattel mit Rippsitz und deutlich ausgeprägten Trachten.

Militärsattel

Militär- bzw. Armeesättel haben sich sicherlich weltweit überall da, wo es Kavallerie gegeben hat, ähnlich entwickelt. Die Paßform ist möglichst universell, da die Sättel beim Militär auf viele verschiedene Pferde passen mußten. Es gibt sie in unterschiedlichen Größen, bei der Deutschen Wehrmacht waren es beispielsweise fünf, das Bauprinzip ist aber immer das gleiche. Die Sättel sind so gebaut, daß sie bei längerem Einsatz dem Pferderücken nicht schaden.

Stellvertretend für all diese Entwicklungen soll hier der **Deutsche Armeesattel 25** betrachtet werden. Auch dieser Sattel ist ein Trachtensattel, der von seinem Unterbau (Sattelbaum mit Vorder-

Sättel

und Hinterzwiesel) so gestaltet ist, daß er – mit fünf unterschiedlichen Kammerweiten und entsprechenden Größenunterschieden – nahezu auf jeden Pferderücken paßt:

Nr. 1 für schmalgerippte Pferde mit hohem Widerrist
Nr. 2 für schmalgerippte Pferde
Nr. 3 für mittelstarke Pferde mit hohem Widerrist
Nr. 4 für mittelstarke Pferde
Nr. 5 für Pferde schweren Schlages

Auf dem entsprechenden Unterbau, noch ganz klassisch mit Kopfeisen, Orte, Trachten und Äfter, baut mit Quer- und Spanngurten die Basis für den Sattelsitz auf. Dieser wird leicht erhöht aufgesetzt, so daß man beim ersten Ausprobieren des Sattel unter Umständen das Gefühl hat, über dem Pferd zu sitzen. Der Sattel ist entweder ungepolstert oder auf beiden Seiten mit Filzauflagen versehen. In der Mitte des Sattelkranzes hat er das Schlitzblech für den Mantelträger. An mehreren Haken und Ringen kann das Gepäck befestigt werden.

Das Sattelblatt ist normal breit, aber recht lang, so daß der Sattel auch auf Langstrecken entspannt mit langem Bein geritten werden kann. Die Steigbügel sind schwer, breit und mit guter Trittfläche; Reiten mit schwerem Schuhwerk ist in einem solchen Sattel also möglich. Der Armeesattel 25 hat drei Gurtstrupfen, damit bereitet auch eine abgerissene Strupfe unterwegs keine Schwierigkeiten. Für Wanderreiter ist sicherlich interessant, daß man die zum Armeesattel gehörenden Packtaschen heute wieder als Nachbauten im Handel kaufen kann, so daß man einen kompletten Langstreckensattel hat, wie ihn die Kavallerie früher einsetzte.

Es lohnt sich, sich vor dem Kauf eines Armeesattels ausgiebig auf dem Markt umzusehen. Es gibt immer noch **Originalsättel,** die durch gute Pflege nach wie vor in zufriedenstellendem Zustand sind. Auch hier sollte sehr genau geprüft werden, ob die Trachten in Ordnung oder möglicherweise gebrochen sind. Weiterhin ist die Lederqualität und der gesamte Pflegezustand für den Preis eines solchen Sattels entscheidend. Sehr gut erhaltene, gepflegte Wehrmachts- bzw. Armeesättel kosten heute von etwa DM 500,- an aufwärts.

Ein großer Vorteil bei diesen Sätteln ist, daß sie vom Sattler relativ einfach zu reparieren sind, wenn einmal etwas kaputtgehen sollte. Mittlerweile gibt es wieder **Nachbauten** des Armeesattels, so daß man einen solchen Sattel auch wieder mit Garantie erwerben kann.

Arbeitssättel

Es ist interessant zu beobachten und auch zu vergleichen, welche Wege die Entwicklung des Sattelzeuges in verschiedenen Ländern genommen hat. Fast in jedem Land mit Tradition in der Arbeit mit Pferden gibt es Arbeitssättel, die sich im Grundprinzip sehr ähnlich sind. Mentalität und Geschmack haben immer nur das optische Erscheinungsbild des Sattels geprägt und nicht etwa sein Bauprinzip. Als Beweis hierfür kann man unzählige Sättel nebeneinanderstellen:

- Stocksattel aus Australien
- McClellan-Sattel aus Kanada
- Gaucho-Sattel aus Peru oder anderen Ländern Südamerikas
- Hirtensattel aus der Camargue (Frankreich)
- Rindersattel aus der Doma Vaquera (Spanien)

Alle diese Sättel sind **Trachtensättel,** die den Rücken der Pferde schonen und Luft zirkulieren lassen. Sie sind so geschnitten, daß sie die Schulter des Pferdes nicht behindern. In Trachtenwinkelung, -länge wie auch Kammerweite und -höhe unterscheiden sie sich, da sie ja im Laufe von Jahrhunderten an unterschiedliche Pferderassen angepaßt wurden. Der **Stocksattel** aus

Arbeitssättel

Australien beispielsweise hatte eine relativ schmale und hohe Kammer, kombiniert mit nur leicht gewölbten Trachten, da die einheimischen Pferdeschläge recht hoch im Blut stehende, schlanke Pferdetypen sind. Während seiner weiteren Verbreitung wurde er dann aber auch mit Kammern in anderen Weiten und Größen gebaut, so daß er heute für unterschiedliche Pferdetypen einsetzbar ist.

Der **McClellan Sattel,** mit Sicherheit einer der interessantesten Arbeitssättel, ist ein Sonderfall, da er nur leicht nach oben gewölbte Trachten hat. Dieser Sattel wurde von der amerikanischen Kavallerie bevorzugt verwendet, auch heute noch ist er bei der amerikanischen Polizei im Einsatz. Leider gibt es den McClellan nicht mit einer extra weiten Kammer, so daß er für bestimmte europäische Pony- und Kleinpferderassen nicht verwendet werden kann, obwohl er in seiner Länge auch gut auf kurze, kompakte Pferde paßt.

Der Südamerikanische **Gaucho-Sattel** dagegen ist für Pferde mit rundrippigem Körperbau und starker Schulter gebaut, die aber trotzdem Widerrist haben. Solche Pferde sind, abgesehen von den südamerikanischen Rassen Paso, Criollo und Mangalarga in Europa kaum zu finden.

Der eigentlich für die Camargue-Schimmel entwickelte französische **Hirtensattel** wiederum paßt meist auch gut auf Berber, schwerere Arabertypen und leichte Warmblüter. Auch bei den Arbeitssätteln ist sicherlich für jedes Pferd der passende Sattel zu finden.

In den letzten Jahren haben sich zahlreiche **Trekking- oder Wanderreitsättel** auf dem Markt etabliert, die alle auf die eine oder andere Art und Weise das Prinzip der Arbeits- oder Militärsättel nachempfinden.

Die Auswahl ist groß, es gibt verschiedenste rückenschonende Arbeits-, Western-, Militär- Trekking- und Trachtensättel. Der Freizeitreiter, der seinem Pferd etwas Gutes tun will, kann für seine langen Ritte sicherlich einen Sattel finden, der das Pferd nicht zusätzlich belastet oder ihm Rückenschmerzen beschert. Auch für erfahrene Reiter ist mit Sicherheit hilfreich, beim Sattelkauf einen Fachmann um Hilfe zu bitten und ein gutes Fachgeschäft aufzusuchen. Gute Händler haben auch ordentlich erhaltene gebrauchte Sättel im Angebot und machen keine Schwierigkeiten, wenn diese ausprobiert werden sollen. Nicht empfehlenswert ist es, Sättel aus dem Katalog zu kaufen, solange man sie bei Nichtpassen nicht problemlos zurückschicken kann.

Der Australian Stocksaddle – ein Arbeitssattel, der seit einigen Jahren auch in Europa immer beliebter wird.

Sattelzubehör

Sattelunterlagen

Dieses Thema wird bisher beim Freizeitreiten noch sehr stiefmütterlich behandelt. Immer wieder hört man Aussagen wie beispielsweise: Warum soll ich dicke Decken unter den Sattel packen, er paßt doch meinem Pferd? Die Erfahrung lehrt jedoch, daß dickere Sattelunterlagen den Rücken schonen und Langstreckenritte daher sowohl für das Pferd wie auch für den Reiter wesentlich angenehmer machen. Man muß also grundsätzlich davon ausgehen, daß jede zusätzliche Lage unter dem Sattel dabei hilft, das Gewicht von Sattel und Reiter über eine größere Fläche zu verteilen.

Je problematischer der Pferderücken ist, desto wichtiger ist eine ausreichende Untersattelung. Hat ein Pferd einen besonders hohen, schmalen, möglichst noch zur Schulter hin einfallenden Widerrist, muß der Reiter sich schon etwas Spezielles zum Thema Sattelunterlage einfallen lassen, damit der Sattel, der eigentlich paßt, nicht während des Reitens auf dem Rücken wandert oder sich setzt und dann doch auf den Widerrist drückt. In solchen Fällen empfiehlt sich für den englischen Sportsattel auf alle Fälle die Verwendung einer zusätzlichen Decke zur normalen Satteldecke oder Schabracke, die entsprechend gefaltet wird und dann auf beiden Seiten des Widerrists so unter die Decke gelegt wird, daß die Trachten oder Polster etwas erhöht werden und der Widerrist dabei frei bleibt. Freilich kann dies nur eine Übergangslösung sein.

Wird ein solches Pferd mit einem Western- oder anderen Arbeitssattel geritten, so kann man ein **Pad** (Sattelkissen) verwenden, das im vorderen Bereich des Widerristes doppelt gearbeitet ist. Solche Spezialpads sind mittlerweile auch in Deutschland zu bekommen (siehe S. 105).

Je mehr Schichten man unter einen Sattel legt, um so geringer ist beim Reiten die Reibung, die auf den Pferderücken selbst trifft. Es ist daher immer sinnvoll, besonders für Langstreckenritte, einen mehrfach gefalteten **Woilach** unterzulegen oder das Pferd mit mehreren dünnen Decken zu satteln anstelle eines dicken Sattelpads, das die Reibung direkt auf den Pferderücken überträgt und so vielleicht dafür sorgt, daß trotz passenden Sattels Druck- und Scheuerstellen entstehen, und zwar genau an den Stellen, an denen sich das Fell unter der Sattelunterlage wie ein Wirbel verlegt hat.

Wenn mit einem Woilach oder mehreren Decken geritten wird, muß man besonders sorgfältig satteln, da eine Faltenbildung in der Sattellage das genaue Gegenteil dessen bewirkt, was man damit erreichen will, nämlich einen garantierten Satteldruck.

> Viele auf das Wohl ihrer Pferde bedachten Freizeitreiter benutzen auch beim klassischen Sportsattel mehrere Decken gleichzeitig. Für die schonende Wirkung auf den Pferderücken nimmt man gerne in Kauf, daß das Gefühl beim Reiten vielleicht etwas indirekter und dadurch unangenehmer ist, als wenn nur mit einer leichten Satteldecke geritten wird.

Rechte Seite:
Ein iberisches Pferd mit entsprechendem Zaum und Sattelzeug.

Sattelzubehör

Klassische Satteldecke

Diese Decke in Form des englischen Sportsattels besteht meist aus zwei Lagen dünnem Stoff, die am Rand entsprechend zusammengefaßt wurden und meist auch miteinander versteppt sind, damit sie sich unter dem Sattel nicht gegeneinander verschieben und Falten bilden können. Dies ist einerseits eine vernünftige, logische Überlegung, bedeutet aber andererseits, daß das Prinzip der Aufhebung von Reibung gegenüber dem Pferderücken nicht funktionieren kann.

Diese Satteldecken sind zusätzlich mit entsprechenden Schlaufen vorn und am unteren Ende des Sattelblattes ausgestattet. Durch die vorderen Schlaufen wird zur Fixierung der Decke unter dem Sattel jeweils die erste Gurtstrupfe gezogen, durch die größere Schlaufe am unteren Ende des Sattelblattes wird der Sattelgurt geführt, damit die Decke beim Reiten unter dem Sattel nicht verrutscht.

Die einzige Funktion, die solch eine dünne Satteldecke erfüllt, ist die, den Sattel vor Pferdeschweiß zu schützen, um so zu vermeiden, daß das Leder der Sattelkissen durch Schweiß und Schmutz hart und brüchig wird. Besser geeignet sind Satteldecken aus anderen Materialien. Da ist als erstes die **Filzdecke,** wie sie früher in jedem Reitstall üblich war. Diese Decken bestehen aus stabilem, mindestens 1 cm dickem Walkfilz, der hervorragend geeignet ist, den Schweiß vom Pferderücken direkt aufzunehmen. Zusätzlich haben Filzdecken den Vorteil, daß sie sich im Laufe des Gebrauchs gut nach der Form des Pferderückens setzen. Als zusätzlichen Schutz haben diese Filzsatteldecken oft lederne Besätze im Bereich des Widerristes und des Sattelgurtes, damit der Filz durch die hier entstehende Reibung nicht aufgefasert wird.

Die Pflege von Filzdecken ist sehr wichtig. Da sie den Pferdeschweiß sehr gut aufnehmen, müssen sie nach dem Reiten lang genug trocknen. In regelmäßigen Abständen müssen sie ausgebürstet werden, damit sich an der Unterseite keine harten Verkrustungen durch Schmutz und Pferdehaare bilden. Wird eine solche Filzdecke gut gepflegt, ist sie sehr haltbar.

Klassische Satteldecken gibt es heute in den unterschiedlichsten Materialien: Kunstfell wie z.B. Vestan, Molton oder echtes Lammfell. Egal, für welches Material man sich entscheidet, eine regelmäßige und sachgerechte Pflege ist immer wichtig, um entsprechende Verhärtungen in der Decke zu vermeiden. Baumwoll- und Kunstfaserdecken sind sicherlich einfacher zu pflegen als Naturmaterialien wie Wollfilz oder Lammfell, die man meist nicht in die Waschmaschine stecken kann.

Schabracke

Die Schabracke hat eine rechteckige Form, so daß sie seitlich hinter dem Sattelblatt des Sportsattels hervorragt und so eine Schicht zwischen Pferdekörper und mögliches Gepäck legt. Die verwendeten Materialien sind normalerweise die gleichen wie bei der klassischen Satteldecke auch. Die meisten Schabracken haben ebenfalls Schlaufen zur Befestigung am Sattel, damit sie nicht durch die Bewegung der Muskeln unter dem Sattel nach hinten herausrutschen. Sowohl klassische Satteldecken wie auch Schabracken gibt es in einer Sonderform, bei der die Sattellage zusätzlich durch ein Schaumstoffkissen verstärkt ist. Damit wird der Druck auf die Rückenmuskulatur leider nur minimal gemildert.

Verwendet wird die Schabracke hauptsächlich zu Paradezwecken oder auf Turnieren. Die Wanderreitschabracke ist eine recht praktische Erfindung, bei der auf dem frei bleibenden Teil der Decke Taschen aufgenäht sind, in denen man sein „kleines Gepäck" beim Geländereiten verstauen kann. Hier muß vor allen Dingen beachtet werden, daß die Taschen auf beiden Seiten mit ungefähr gleich viel Gewicht bepackt werden, damit die Schabracke nicht zu einer Seite hinuntergezogen wird. Dadurch würden Falten entstehen. Da auch das Material dieser Wanderreitschabracken nicht sehr dick und steif ist, dürfen in die Taschen keine harten, kantigen oder spitzen Gegenstände gesteckt werden. Diese Schabracke ist aber sicherlich gut geeignet, um auf einem etwas längeren Geländeritt eine kleine Notapotheke zu verstauen und unter Umständen leichte Jacken oder ähnliches unterzubringen.

Gelkissen und Sattelpad

Hier hat sich ein sehr sinnvoller Zusatz entwickelt, der einige anatomische Probleme ausgleichen kann. Gelkissen und Sattelpad werden immer in Kombination mit einer Satteldecke oder Schabracke verwendet.

Gelkissen sind Natur- oder Kunstgummikissen, die mit einem Gelmaterial gefüllt sind. Vergleichbar mit einer halb gefüllten Wärmflasche lassen sie sich aufgrund ihres flüssigen Inhalts in jede Richtung knautschen und drücken und sind dadurch in der Lage, jeden Hohlraum, der sich im Bereich des Widerristes und der Schulter zwischen Pferderücken und Sattel bildet, auszufüllen. Außerdem kann das Füllmaterial Stöße und plötzliche Belastungen wie ein Dämpfer aufnehmen und über die gesamte Fläche weich weiterverteilen.

Solche Gelkissen waren ursprünglich zuerst in der Springsportszene zu finden, gehören aber heute zum Sortiment jedes guten Reitsportgeschäftes. Für Pferde mit empfindlichem Rücken können sie eine große Erleichterung bedeuten.

Sattelpads sind dickere und stabile Sattelunterlagen, wie sie die Westernreiterei auf den deutschen Ausrüstungsmarkt gebracht hat. Sie werden aus den unterschiedlichsten Materialien hergestellt. Es gibt sie aus Filz, Kunststoff (Nylon oder Polyester), Baumwolle, Wolle, Pferdehaar und mit Schaumstoff oder Pferdehaar zur Polsterung gefüllt.

Es gibt auch sogenannte **aufgezogene Pads,** das heißt, das Sattelkissen ist im Trachten- oder Sattelkissenbereich doppelt ausgelegt. Diese Variante ist, wie bereits erwähnt, besonders gut für Pferde mit enger Schulter geeignet. Das Pad gibt der Schulter so mehr Breite. Hierdurch wird die Lage des Sattels verbessert, der Reiter findet mehr Halt. Für Pferde mit hohem Widerrist eignen sich Sattelpads, die im Widerristbereich gut ausgeschnitten sind und daher den Rist vollkommen frei lassen zur Schonung und Vermeidung von Druck- und Scheuerstellen.

Kodelpad

Kodel ist ein in den USA entwickelter und dort häufig eingesetzter **Polyester-Kunststoff.** Pads aus diesem Material gibt es in einfacher und doppelter Ausführung, wobei die doppelte oft als sogenanntes orthopädisches oder medizinisches Pad angeboten wird. Versuche haben ergeben, daß es im Langzeiteinsatz scheinbar sogar dem Schaffell überlegen ist. Es saugt hervorragend den Schweiß auf, scheint keinerlei Reibungshitze zu entwickeln und läßt durch seine lockere Webstruktur die Luft relativ frei am Pferderücken zirkulieren.

Zusätzlich wird Kodel im Gegensatz zu anderen Kunstpelzen auch bei häufigem Waschen nicht dünn oder hart. Zu empfehlen ist hier auf alle Fälle das **doppelte Kodelpad,** das mit seinen zwei Schichten und seiner lockeren Fellstruktur sehr gut die Reibung vermindert.

Filzpad

Sattelpads aus Filz mit einem entsprechenden Deckstoff, meist Leinen oder Baum-

Sattelzubehör

wolle, sind stabil und langlebig. Sie sind sehr steif und ermöglichen optimale Gewichtsverteilung auf dem Pferderücken. Allerdings muß man darauf achten, daß das Pad nicht zu lang ist. Es würde sonst ständig an den Hüfthöckern des Pferdes reiben.

Das Filzpad wird genauso wie die Filzsatteldecke gepflegt. Es muß trocknen und wird dann gründlich ausgebürstet. Hier sollte man darauf achten, daß man den Filz in Strichrichtung bürstet und nicht gegen den Strich, damit sich die Walkung nicht löst.

Eine dritte, maschinenwaschbare Variante ist das Kodelpad mit einem entsprechenden Stoffbesatz, der nun zusätzlich dem Wunsch nach entsprechenden Dekoeffekten in der Western- und Freizeitreitszene entgegenkommt.

Bei Sattelpads lohnt es sich, echtes Kodel zu kaufen. Viele andere Kunstpelze neigen dazu, sich durch Reibung elektrostatisch aufzuladen, was sicherlich für das Pferd unangenehm sein dürfte.

Sowohl Satteldecken wie auch -pads sollten mit **Neutralseife** oder reinem **Seifenwaschmittel** gewaschen werden. Die handelsüblichen Waschpulver enthalten immer eine gewisse Menge an Chemikalien und Duftstoffen, die beim Menschen wie auch beim Pferd eine handfeste Allergie auslösen können. Ein solcher allergischer Ausschlag in der Sattellage kann die Reitbarkeit erheblich einschränken.

Indianerdecken

Indianer- bzw. Navajodecken sind wohl mittlerweile jedem Freizeitreiter ein Begriff. Sie sind in unterschiedlichen traditionellen, bunten Mustern für jeden Geschmack erhältlich. Je nach Ausführung (Material, Größe, Dicke) und Herkunft bewegen sich die Preise für eine gute Navajodecke zwischen DM 70,- und 250,-. Bei billigeren Angeboten läßt meist die Qualität zu wünschen übrig. Dies sind oft nachgemachte Decken aus undefinierbaren Kunstfasern, die sich ähnlich wie viele Kunstpelze schnell elektrostatisch aufladen und unangenehme Nebeneffekte mit sich bringen.

Sattelpads in einer dem Pferd angepaßten anatomischen Form.

Eine gute Navajodecke ist aus Wolle gewebt, und, wenn sie aus den Reservaten der USA stammt, meist auch noch mit Naturfarben gefärbt. Sie kann problemlos in der Waschmaschine gereinigt werden. Außerdem besteht sie aus zwei Schichten, die die Reibungseinwirkung auf den Pferderücken minimieren. Da eine solche Navajodecke sehr weich und anschmiegsam ist, kann sie jedoch kein Reitergewicht aufnehmen und verteilen. Im Idealfall sattelt man das Pferd mit einem normalen Pad und darüber einer Navajodecke.

Woilach

Diese Sattelunterlage stammt aus der Militärreiterei. Es handelt sich um eine 195 × 225 oder 235 cm große Decke aus ungebleichter Naturwolle, die 6- oder 9fach gefaltet unter den Sattel gelegt wird. Dieser Woilach hat mehrere Vorteile. Die vielen Schichten des Woilachs helfen dabei, Druck- und Scheuerstellen bei langen Ritten zu vermeiden. Außerdem kann man ihn mehrfach (also mehrere Tage hintereinander) anders falten, so daß immer wieder eine frische Seite auf dem Pferderücken aufliegt und er nicht mit dem mittlerweile eingetrockneten Schweiß und Staub der Vortage in Berührung kommt. Zum dritten hat man seine Pferdedecke, mit der man das Pferd in längeren Pausen eindecken kann, immer dabei, ohne sich damit Stauraum hinter dem Sattel nehmen zu müssen.

Einen Nachteil hat der Woilach allerdings, besonders für den nicht entsprechend geschulten Freizeitreiter. Das korrekte Falten und Auflegen will gelernt sein. Nur durch Übung lernt man, den Woilach faltenfrei auf das Pferd zu bringen. Wenn der Woilach auch für das Auge mit seinem Armeegrau nichts hergibt, so ist er doch eine praktische, preisgünstige und lang haltbare Sattelunterlage aus Naturmaterial.

Naturfelle

Sattelunterlagen aus Naturfell werden vor allem bei Langstrecken- und Distanzreitern, aber auch von Westernreitern gerne benutzt. Im Vergleich zum Woilach, der klassischen Satteldecke oder auch der Filzdecke sind diese Sattelunterlagen schon etwas teurer. Besonders bewährt haben sich hier die kurzhaarigen, glattfelligen Materialien, also Hirsch und Reh. Lamm- und Schaffell sind zwar sicherlich gute Polster, aufgrund des langen Fells bilden sich bei mangelnder Sorgfalt leicht Druckstellen.

Ein weiterer Nachteil von Naturfellen ist, daß diese sehr viel Pflege benötigen. Selbstverständlich sind sie nicht maschinenwaschbar. Wenn ein solches Naturfell als Sattelunterlage vom Pferd vollkommen durchgeschwitzt wird und dann nicht gereinigt, sondern mit dem Schweiß, Staub und Dreck in den Fellhaaren vermischt wieder trocknet, wird es schnell brüchig und hart.

Bei peruanischen Schausätteln werden oft reinlederne Sattelunterlagen ohne jegliche Polsterung verwendet, die sicherlich wie das Skirting des Westernsattels ihre Dienste tun, wenn es um die Verteilung des Reitergewichtes geht. Ansonsten sind aber solche Unterlagen auf alle Fälle mit einer entsprechenden Decke zur Polsterung des Pferderückens wie auch zum Schweißaufsaugen zu kombinieren, da Leder alleine hier sicherlich nicht ausreicht.

> Das entscheidende Kriterium bei der Auswahl von Sattelunterlagen ist auf jeden Fall die Qualität des verwendeten Materials. In dem heutzutage angebotenen riesigen Sortiment von Decken und Pads wird sicherlich im zweiten Schritt auch für jeden Geschmack das passende Dekor zu finden sein.

Sattelzubehör

Steigbügel und Steigbügelriemen

Wenn auch das Reiten ohne Steigbügel den tiefen Sitz im Pferd fördert, fühlen sich doch die meisten Reiter mit Steigbügeln wesentlich wohler. Auch hier sollte man unbedingt auf Qualität achten. Es ist unsinnig, sich einen qualitativ hochwertigen Sattel zu kaufen und bei den Zubehörteilen wie Sattelgurt, Steigbügel und Steigbügelriemen zu sparen. All diese Teile sind für ein harmonisches Zusammenwirken von Reiter und Pferd genauso wichtig wie eine gute Reitausbildung und die sonstige Ausrüstung.

Steigbügel für den klassischen Sportsattel sollten grundsätzlich aus **rostfreiem Stahl** gemacht sein, in schwerer und ausgewogener Ausführung. Es ist wesentlich einfacher, einen schweren und damit gut hängenden Steigbügel wieder aufzunehmen, wenn man ihn einmal verloren hat. Für den Sportsattel bietet der Markt grob unterteilt drei verschiedene Varianten von Steigbügeln an. Jede für sich ist sehr gut geeignet, dem Reiterfuß Halt und Stand zu geben, ihn aber freizugeben, wenn der Reiter einmal stürzt. Wichtig hierfür ist, daß die Trittfläche des Bügels immer ein wenig breiter sein muß als das Schuhwerk an seiner breitesten Stelle, damit sich der Fuß nicht im Bügel verkanten kann, wenn er doch einmal durchrutschen sollte. Das gleiche gilt auch für die Westernsteigbügel wie für den in Frankreich entwickelten Carmargue-Bügel, der allerdings durch seine Form bereits ein Durchrutschen durch den Bügel verhindert.

Klassischer Steigbügel

Der klassische Steigbügel, auch bekannt als **schwerer Dressurbügel** oder **englischer Jagdbügel**, wurde in Deutschland entwickelt. Vorausgesetzt, er hat die richtige Größe, ist also weit genug für das verwendete Schuhwerk, so ist er wahrscheinlich genauso sicher wie die im weiteren beschriebenen Sicherheitsbügel. Zur Verbesserung der Rutschfestigkeit werden Gummieinlagen in die Bügel gesteckt, die genau auf die Trittfläche der Bügel passen und ausgewechselt werden sollten, sobald sich das Profil abgenutzt hat.

Sicherheitsbügel

Unter der Bezeichnung Sicherheitsbügel findet man im Handel zwei grundsätzliche Varianten. Die erste ist der in Australien entwickelte **Simplex-Bügel**, der am äußeren Steigbügelholm eine Ausbuchtung hat. Diese Ausbuchtung kann entweder seitlich weisen oder auch nach vorn und soll dem Fuß des Reiters bei einem Sturz Raum geben, damit er nicht im Bügel hängenbleibt. Auch der Simplex-Bügel kann mit entsprechenden Gummieinlagen ausgestattet werden, die dem Reiterfuß einen besseren Halt geben.

Die zweite Variante ist der **Peacock-Bügel**. Er besitzt nur einen inneren Holm, an der Außenseite wird der Peacock durch ein dickes Gummiband geschlossen, das sich im Falle eines Sturzes öffnet oder auch reißt, damit der Fuß aus dem Bügel gleiten kann. Auch beim Peacock-Bügel werden Gummieinlagen benutzt.

Wenn man sich für einen solchen Bügel entscheidet, ist es besonders wichtig, auf sehr schwere und gute Materialqualität zu achten, da der Bügel bei ständigem Gebrauch die Tendenz hat, sich aufzubiegen, so daß die Trittfläche dann nach außen hängt.

Kournakoff-Bügel

Der Kournakoff-Bügel ist so gebaut, daß er nicht waagerecht am Steigbügelriemen hängt. Er hat zwei ungleich lange Holme,

Westernsteigbügel

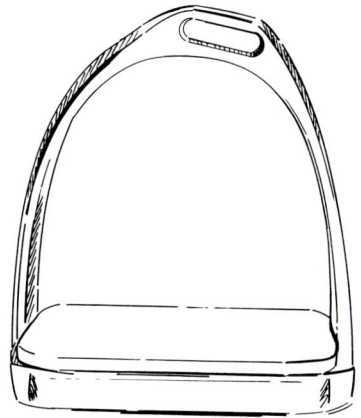
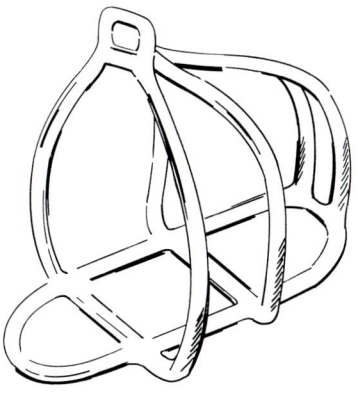

Links: Kournakoff-Bügel mit versetzter Bügelöse.

Rechts: Camargue-Bügel.

wobei der äußere länger als der innere ist. Die Öse für den Steigbügelriemen ist nach innen versetzt, dadurch ist die Trittfläche des Bügels leicht geneigt. Dies soll dem Reiter helfen, seinen Fuß in die richtige Position am Pferd zu bringen und den Knieschluß zu fördern.

Die Verwendung von Kournakoff-Bügeln ist gewöhnungsbedürftig. Bevor man sich für einen solchen Bügel entscheidet, sollte man ihn ausprobieren können, da er manchem Reiter Schmerzen im Knöchel durch unnatürliche Haltung verursacht. Auch der Kournakoff-Bügel sollte mit Gummieinlagen auf der Trittfläche ausgestattet werden.

Camargue-Bügel

Beim Camargue-Bügel handelt es sich um einen **Korbbügel** aus lackiertem Eisen. Der Bügel hat eine große Trittfläche, die fast die gesamte vordere Sohle des Reitstiefels aufnimmt. Wie ein entsprechender Gitterkäfig verbinden mehrere Eisenholme das Auge des Steigbügels im Bogen mit dieser Trittfläche. Dadurch kann man unter keinen Umständen durch diesen Bügel hindurchrutschen. Für den Camargue-Bügel gibt es keine Gummieinlagen. Da der Bügel an sich aber mit solch einer großen Trittfläche ausgestattet ist, benötigt der Reiter keine solche Unterstützung.

Westernsteigbügel

Auch dieser Bügel muß entsprechend weit und schwer sein, damit er die notwendige Sicherheit bietet. Es gibt drei verschiedene Grundtypen, von denen eigentlich nur einer wirklich benutzbar ist.

- **Mit Metall beschlagene Holzbügel:** Sie werden aus Schichtholz gefertigt, erhitzt und in Form gebogen. Damit sie ihre Form behalten, werden sie an der Außenseite mit einem Metallstreifen verstärkt. Sie sind relativ leicht und nicht sehr formstabil, sollten daher, falls sie bei einem komplett gekauften Sattel mitgeliefert werden, auf alle Fälle gegen lederbezogene Holzbügel ausgetauscht werden.
- **Kunststoffbügel:** Bügel aus Kunststoffmaterial sind sicherlich sehr pflegeleicht. Sie haben aber zwei gravierende Nachteile. Zum einen sind sie viel zu leicht und schwer zu fangen, wenn man der Fuß sie einmal verloren hat. Zum zweiten ist die Trittfläche ausgesprochen rutschig.

Sattelzubehör

- **Lederbezogene Holzbügel:** Diese Bügel sind im Grundbau den Schichtholzbügeln ähnlich. Allerdings wird für ihren Bau wie für die Sattelbäume auch meist massives Buchenholz verwendet, das erhitzt und in Form gepreßt wird. Ein solcher schwerer Holzbügel wird dann teilweise noch mit Metallstreifen verstärkt und zum Schluß mit Leder bezogen. Er ist schwer und relativ formstabil, kann sich aber bei großer Belastung ebenfalls verformen, muß daher auch hin und wieder überprüft werden. Verformte Bügel müssen gegen neue ausgetauscht werden, um dem Reiterfuß wieder die korrekte Standmöglichkeit zu bieten.

Steigbügelriemen

Steigbügelriemen sind neben dem Sattelgurt wohl die Teile am Sattel, die den größten Belastungen ausgesetzt sind. Es ist daher wichtig, daß hier ein besonders stabiles Leder verwendet wird. Bügelriemen für den **Sportsattel** sind normalerweise aus Rinderleder. Es dehnt sich am wenigsten und ist bei guter Qualität den Belastungen durch Gewicht, aber auch durch Sattelschloß und Steigbügelauge gut gewachsen. Steigbügelriemen werden normalerweise „seitenverkehrt" eingesetzt. Die Fleischseite (Innenseite) des Leders wird nach außen gekehrt, damit die glatte Seite bei Kontakt mit den Metallteilen besser gleitet. Bei gutem Leder fällt dies allerdings nicht weiter auf, da hier auch die Fleischseite entsprechend geglättet ist.

Westernsteigbügelriemen sind entweder aus Rinderleder oder sogar Büffelleder und bei sehr guten Bügelriemen auch Rohleder gefertigt. Büffel- wie auch Rohleder sind die wohl reißfestesten Lederarten, haben allerdings beide den Nachteil, daß sie sich am Anfang deutlich stärker dehnen als Rinderleder.

Westernsteigbügelriemen kommen normalerweise nicht mit Metallteilen in Kontakt, da sowohl die Riemenaufhängung wie auch der Steigbügelsteg mit anderen Materialien verkleidet sind. Sie müssen aber trotzdem sehr stabil sein, da sie bei der Rinderarbeit extrem hohe Belastungen aushalten müssen. Auf dem Steigbügelriemen des Westernsattels ist zusätzlich der Fender aufgebracht (entweder genäht oder genietet), der hier als Schweißblatt dient.

Sattelgurte

Der Sattelgurt soll den Sattel in korrekter Position halten. Da er meist recht schmal ist, wirkt relativ hoher Druck in seinem Auflagebereich. Daher sollten möglichst breite Gurte verwendet werden, die außerdem aus einem atmungsaktiven, möglichst saugfähigen Material sind und so den Schweiß in der Gurtlage aufnehmen können. Ansonsten weicht die Haut unter dem Gurt auf und die Gefahr von Druckstellen steigt.

Besonders bei den rundrippigen, oft rumpfigen Pony- und Kleinpferderassen macht die Gurtlage häufig Probleme. Durch ihren Körperbau wird der Sattelgurt nach vorn Richtung Ellbogengelenk geschoben, hier kann er schnell scheuern und offene Wunden verursachen. Um die Druckgefahr zu minimieren, sollte bei solchen Pferden auf alle Fälle ein Sattelgurt verwendet werden, der im Ellbogenbereich schmaler wird.

> Dehnbare Sattelgurte geben dem Pferd wenigstens ein Mindestmaß an Bequemlichkeit. Dies ist besonders wichtig bei Pferden, die während ihres Einsatzes kurzfristige Höchstleistungen bringen müssen.

Eine Neuentwicklung der letzten Jahre sind Gurte aus atmungsaktiven Materialien, die den Schweiß aufnehmen und durch ihr Material vom Pferdekörper wegleiten.

Westernsteigbügel.

1) Roper Stirrups, Rawhide; 2) Leather Stirrups, dark; 3) Leather Stirrups, light;
4) Allround Stirrups, Skirting Leather; 5) Roper Stirrups, dark; 6) Reining Stirrups, Rawhide;
7) Cutting Stirrups; 8) Allround Stirrups, Rawhide; 9) Reining Stirrups, Skirting Leather.

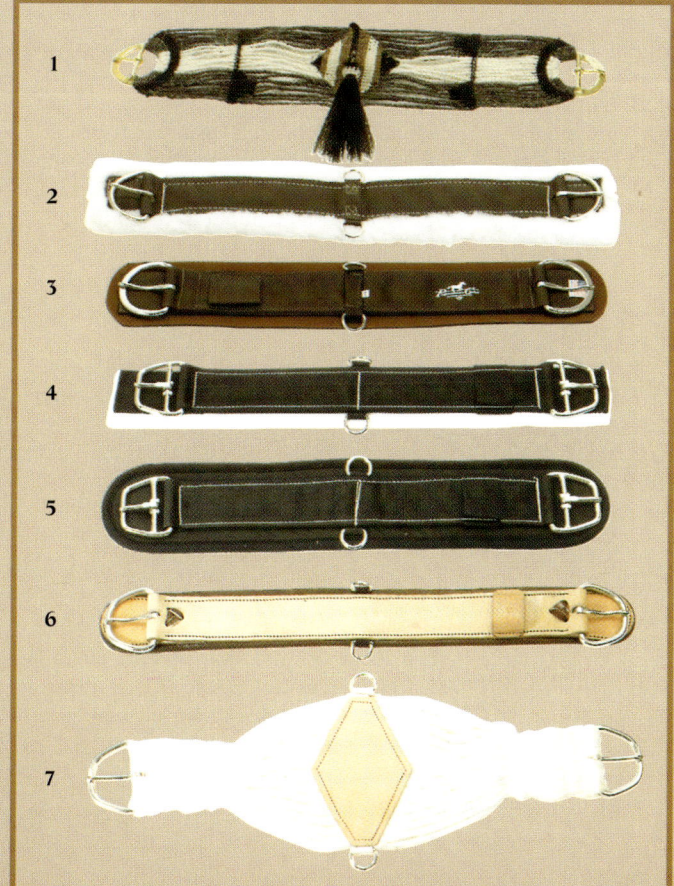

Westerngurte.

1) Horse Hair Cinch;
2) Kodelgurt,
3) SMx Cinch,
4) Filzfliesgurt,
5) Deluxe Filzgurt,
6) Ledergurt,
7) Mohairgurt.

Sattelzubehör

Schnurengurte

Die Grundidee der Schnurengurte ist sehr gut. Zwischen den einzelnen Schnüren kommt Luft an den Pferdekörper, die Schweißbildung in der Gurtlage wird so reduziert. Früher waren diese Gurte aus Nylon recht rauh. Da die Pferde trotz der Luftzufuhr unter diesen Gurten schwitzen, kann ein solches Material die durch Schweiß aufgeweichte Haut sehr schnell aufreiben. Heute sind Schnurengurte in der Sportreiterei häufig aus **Perlon**. Die Oberfläche ist wesentlich glatter und kann außerdem bis zu einem gewissen Grad den Schweiß aufnehmen. Es gibt auch Schnurengurte aus **Baumwolle,** die leicht, gut saugfähig und einfach sauberzuhalten sind.

Auch in der Westernausrüstung werden häufig Schnurengurte aus Baumwolle benutzt, die ähnlich wie die klassischen Gurte entsprechende Querverwebungen haben, damit sie sich nicht in der Gurtlage zusammenrollen. Eine Besonderheit bei diesen Westernschnurengurten sind die **rautenförmigen Gurte,** die im Mittelteil besonders breit sind und hier oft eine zusätzliche Verstärkung aus Nylon, Perlon oder Leder haben, die den Gurt am Körper in Form hält. Ein solcher Gurt verteilt den Druck auf eine wesentlich größere Auflagefläche, und das in einem Bereich, wo dies nicht stört. Von Pferden wird das bestimmt gerne angenommen.

Leider haben die Schnurengurte des Westernreitens auch einen Nachteil. Ihre Ringe, an denen der obere Sattelgurt mit einem Krawattenknoten befestigt wird, liegen normalerweise auf dem Pferdekörper auf. Deshalb ist es besonders wichtig, daß diese Ringe aus rostfreiem Edelstahl gefertigt sind. Einen zusätzlichen Schutz bieten hier **Ringschoner,** die über den stählernen Ring des Gurtes gezogen und dann am Schnurengurt befestigt werden. Sie sind auf der Unterseite meist mit Kunstfell abgefüttert.

Ledergurte

Sattelgurte aus Leder waren früher in der klassischen Reiterei häufiger zu finden, sie sind heute jedoch recht selten. Leder ist besonders für Sattelgurte kein sehr pflegeleichtes Material, da es durch Kontakt mit Schweiß und Staub sehr schnell hart wird. Zusätzlich ist es nicht saugfähig und auch kaum dehnbar. Sicherlich wird auch ein Ledergurt keinen Gurtdruck verursachen, wenn er gut gepflegt wird und keine vorn oder innen liegenden Nähte hat. Allerdings ist die Pflege sehr aufwendig.

Es gibt heute auch gepolsterte Ledergurte, teilweise mit elastischen Einsätzen, die für das Pferd angenehmer sind.

Web- und Textilgurte

Diese Gurte werden aus unterschiedlichen Materialien hergestellt (Baumwolle, Wolle, Dochtwolle, Serge und Kunstfasern). Sie sind meist recht preisgünstig, bei guter Pflege stabil und auch saugfähig. Manche Gurte sind zusätzlich durch Schaumstoffeinlagen gepolstert. Es gibt sie in unzähligen Ausführungen und Farben.

Beim Vielseitigkeitsreiten werden häufig lange, schmale Webgurte als zusätzliche Sicherheit über dem Sattel um das Pferd geschnallt. Sollte im Gelände der Sattelgurt oder die Strupfen reißen, ist der Reiter so vor dem Schlimmsten geschützt.

Neopren- und Synthetikgurte

In den letzten Jahren haben sich auch Sattelgurte aus Neopren und anderen Sport-Synthetikmaterialien verbreitet. Sie sind formstabil und dehnbar. Allerdings haben sie den Nachteil, daß sie Schweiß nicht aufnehmen oder vom Körper ableiten können.

Elastikgurte

Elastikgurte sind entweder aus rein elastischen Geweben gefertigt oder es handelt sich um Kombinationen aus Web-, Leder- oder Synthetikgurten mit elastischen Einsätzen. Solche elastischen Gurte werden besonders gerne auf der Rennbahn und auch im Vielseitigkeits- und Springsport verwendet, da sie wie bereits erwähnt, im entsprechenden Belastungsmoment nachgeben und etwas zusätzliche Freiheit schaffen. Auch für Pferde mit Sattelzwang sind diese Gurte deshalb gut geeignet.

Bei diesen Gurten ist die regelmäßige Pflege und Kontrolle jedoch besonders wichtig, da die Elastikteile durch Schweiß- und UV-Einwirkung schnell brüchig werden und zur Sicherheit ausgetauscht werden müssen. Außerdem lassen die elastischen Fasern im Laufe der Zeit in ihrer Funktion nach.

Kodelgurte

Im Westernbereich findet sich zusätzlich zum Schnurengurt noch ein weiterer typischer Sattelgurt, der Kodelgurt. Er ist auf der ganzen Länge aus Kodel gefertigt, auf der äußeren, dem Pferd abgewandten Seite wird er breitflächig mit Nylon verstärkt, um ihm Stabilität zu geben. Die Gurtringe sind so in die Nylonverstärkung eingesetzt, daß sie in ganzer Größe auf dem Kodel aufliegen. So kommt keinerlei Metall mit dem Pferdekörper in Verbindung, Druckstellen werden vermieden. Auch der Krawattenknoten des Gurtungssystems liegt nicht auf dem Pferdekörper auf.

> Kodel ist, wie bereits bei den Pads besprochen, ein sehr saugfähiges und hautfreundliches Material, so daß diese Gurte bei regelmäßiger Pflege die für das Pferd angenehmste Lösung darstellen.

Gurtschoner

Um bei der Verwendung eines normalen Sattelgurtes, egal aus welchem Material er gearbeitet ist, einen ähnlichen Effekt zu erreichen wie bei den Kodelgurten der Westernsättel, werden manchmal Schonbezüge benutzt. Es handelt sich hier um einen Schlauch aus echtem oder Kunstfell, den man einfach über den normalen Sattelgurt drüberzieht. Solche Schonbezüge nehmen den Schweiß vom Pferdekörper sehr gut auf und verhindern, daß der Gurt die Haut aufscheuert. Bei der Verwendung eines solchen Schonbezuges sollte man aber darauf achten, daß die Nahtstelle nicht am Pferdekörper liegt, sondern deutlich nach außen zeigt. Regelmäßige Pflege und Reinigung sind auch hier sehr wichtig.

Vorderzeug

Seine Aufgabe ist es zu verhindern, daß der Sattel auf dem Pferderücken zu weit nach hinten rutscht. Dies ist notwendig bei Pferden, die eine besonders stark ausgeprägte Schulterpartie oder auch eine unvorteilhafte Sattellage haben. Wenn ein solches Pferd dann noch sehr schlank ist oder austrainiert, rutscht der Sattel möglicherweise bei der Arbeit vom Widerrist nach hinten in Richtung Nierenpartie.

Auch bei Reiten im Gelände kann ein Vorderzeug erforderlich sein. Wenn Pferde sehr viel in stark bergigem Gelände gehen, häufig größere oder steilere Steigungen bewältigen müssen wie beispielsweise im Vielseitigkeitssport, ist ein Vorderzeug ausgesprochen sinnvoll, da es den Sattel an Ort und Stelle hält. Ohne Vorderzeug muß man unter Umständen nach jeder größeren Steigung anhalten um nachzusatteln.

Bei Vorderzeugen gibt es zwei grundsätzliche Varianten. Welche man verwen-

det, hängt zum einen vom Gebäude des Pferdes ab, zum zweiten vom Geschmack des Reiters.

Brustblatt-Vorderzeug

Das Brustblatt-Vorderzeug ist manchem Reiter sicher bekannt aus dem Fahrsport, da die Brustblatt-Geschirre hier häufig zu sehen sind. Es handelt sich um einen breiten, gepolsterten Riemen, der waagerecht über die Brust des Pferdes verläuft und rechts und links am Sattelgurt befestigt wird. In Position gehalten wird dieses Vorderzeug von einem leichten Halsriemen. Es findet sich baugleich sowohl in der klassischen wie auch in der Westernreitweise und hält den Sattel optimal in der korrekten Lage. Als Material wird normalerweise Leder verwendet, das an der Unterseite entsprechend gepolstert ist.

V-Vorderzeug

Wie der Name schon sagt, verläuft dieses Vorderzeug V-förmig über die Brust des Pferdes. Ein einzelner Riemen wird in der Mitte des Sattelgurtes befestigt und zwischen den Vorderbeinen nach vorne geführt. An seinem oberen Ende, in Brusthöhe, befindet sich ein Ring, von dem zwei geteilte Riemen rechts und links parallel der Schulter oben am Sattel befestigt werden. Voraussetzung ist, daß der Sattel entsprechende D-Ringe hat, an denen dieses Vorderzeug befestigt werden

kann. In der Sportreiterei sind diese geteilten Riemen zusätzlich über dem Hals verbunden, so daß das Vorderzeug eine Art Halsriemen bildet. In der Westernreitweise werden die Riemen einzeln am Sattel befestigt, ohne daß sie über dem Hals miteinander verbunden sind.

Zwei Dinge sind bei der Verwendung eines V-Vorderzeuges zu beachten. Die Schulterriemen müssen so hoch verschnallt sein, daß sie die Schulteraktion des Pferdes nicht behindern. Gleichzeitig müssen sie aber so tief unten vor der Brust zusammentreffen, daß sie nicht auf die Luftröhre des Pferdes drücken können und so seine Atmung behindern.

Als Material benutzt man in der Sportreiterei wiederum **Leder,** oft als sehr feinen dünnen Riemen. In den letzten Jahren werden auch Vorderzeuge mit elastischem Brustteil angeboten, die pflegeleicht und haltbar sind. In der Westernreitweise sind die V-Vorderzeuge entweder aus schwerem Leder gearbeitet, das meist nicht gepolstert ist. Dafür ist aber die Form der oberen Riemen geschwungen, um die beiden Punkte (Schulter und Luftröhre) zu berücksichtigen.

In jüngster Zeit finden sich bei den Westernausrüstern aber auch V-Vorderzeuge aus **Vestan** oder **Kodel,** wiederum genau wie die Sattelgurte mit der entsprechenden Nylonverstärkung auf der Außenseite, um Stabilität zu gewähren. Diese Vorderzeuge haben wieder den Vorteil, daß sie gut den Schweiß aufsaugen und Scheuern auf der Haut verhindert wird.

**Linke Seite:
Eine Kombination aus gepolstertem Vorderzeug und Martingal. Das Ende der Martingalgabel wurde mit Klebeband verstärkt, damit es auf keinen Fall nach unten durchrutschen kann.**

Schlußbetrachtung

Schon im Vorwort haben wurde darauf hingewiesen, daß dieses Buch ein Leitfaden sein soll durch den schier unüberschaubaren Markt an Ausrüstungsgegenständen, die – sinnvoll oder nicht – dem Freizeitreiter angeboten werden. Einen Anspruch auf Vollständigkeit kann und will dieses Buch nicht erheben, denn dann hätte es wohl eher den Umfang eines zwanzigbändigen Brockhaus für die Reitausrüstung.

Dies wird besonders eindrucksvoll klar auf den entsprechenden Messen und Veranstaltungen rund um den Pferdesport. In mehreren Hallen und zahlreichen Ständen wird hier Verschiedenstes an Reitausrüstung angeboten, ebenso wie die vielen Gegenstände rund ums Pferd und Kleidungsstücke, die der Reiter sonst noch braucht (oder auch nicht).

Manche Bereiche der Ausrüstung wurden deshalb in diesem Buch noch nicht einmal gestreift, obwohl auch sie eigentlich dazugehören würden, z.B. die gesamte Fahrausrüstung, Decken, Gamaschen, Bandagen, Hufschuhe und vieles mehr. Hier ist aber teilweise eher der Geschmack und persönliche Einstellung entscheidend.

Vor allem möchte dieses Buch klarmachen, daß die Auswahl des richtigen Sattels, Zaumes oder Gebisses doch gar nicht so einfach ist, wie es manchem Reiter scheinen mag. Außerdem gilt auch hier: Probieren geht über Studieren. Wenn man die Möglichkeit hat, sich von Freunden und Stallnachbarn andere Ausrüstungsgegenstände, für die man sich interessiert, auszuleihen und diese unter fachkundiger Anleitung auszuprobieren, so sollte man dies auf alle Fälle tun. Es passiert nicht selten, daß zum Beispiel ein Gebiß, das allgemein als gut und pferdeschonend anerkannt wird, ausgerechnet von dem eigenen Pferd überhaupt nicht angenommen wird.

Der Kauf von Sätteln wiederum ist ein Bereich, der wirklich nur nach entsprechender Anprobe und Überprüfung der Paßform erfolgen sollte. Hier muß jedem Reiter nochmals ans Herz gelegt werden, daß beim Kaufentscheid an das Wohl des Pferdes gedacht wird, und erst in zweiter Linie an das des Reiters. Er ist nämlich durchaus in der Lage, sich an viele Dinge zu gewöhnen und anzupassen, so daß nach einer gewissen Zeit vielleicht gar nicht mehr auffällt, daß der Armeesattel einmal fürchterlich hart empfunden wurde, oder daß man meinte, im Töltsattel nicht sitzen zu können, weil er nicht genügend Halt bieten würde. Der Rücken des Pferdes aber wird es dem Reiter danken, wenn er sich für den Sattel entscheidet, der optimal paßt.

Ein Punkt sei hier noch kurz angemerkt. Wenn es um die Paßform von Sätteln geht, kann es ohne weiteres passieren, daß man mehrmals im Leben eines Pferdes nach einem passenden Sattel Ausschau halten muß. Der Rücken, die Schulter und die Sattellage eines Pferdes verändern sich nämlich im Laufe seines Lebens, so daß ein Sattel, der dem jungen Pferd mit 5 Jahren optimal gepaßt hat, dem fertig ausgebildeten, gestandenen Reitpferd von 15 Jahren kaum mehr paßt.

Deshalb sollte man immer wieder auch einen aufmerksamen Blick auf die Sattellage richten, wenn nach dem Arbeiten abgesattelt wird, um zu kontrollieren, ob der

Schlußbetrachtung

Sattel, der verwendet wird, vielleicht mittlerweile drückt, weil das Pferd durch Arbeit seine Muskulatur so aufgebaut hat, daß beispielsweise die Kammer zu eng geworden ist. Aufmerksamkeit den Reaktionen der Pferde gegenüber ist daher unerläßlich, damit man mit gutem Gewissen sagen kann, daß die Ausrüstung, die das Pferd bekommt, paßt und keinen Schaden anrichtet.

Bei allen Ausrüstungsgegenständen sollte darauf geachtet werden, daß die besten Lösungen eben oft leider etwas teurer sind, sich aber auf Dauer gesehen als die preisgünstigeren erweisen. Qualitativ hochwertiges Material hält länger und wird dem Pferd keinen Schaden zufügen. Gute Beratung ist hier unerläßlich. Oft ist nämlich der Unterschied zwischen der guten, qualitativ hochwertigen Ausrüstung und dem minderwertigen Exemplar, das nur auf Dekoeffekte aus ist, für den Laien kaum zu erkennen. Und es ist doch ärgerlich, wenn das gute neue Stück – egal ob Sattel, Trense, Gebiß oder Decke – sich nach den ersten Einsätzen als die billige Kopie eines guten und durchdachten Ausrüstungsteiles erweist, die den gleichen Dienst nicht einmal im Ansatz tun kann.

Dieser Reining Sattel ist der offizielle Sattel der American Quarter Horse Association (AQHA). Eine Besonderheit ist die Ledergurtung ohne Metallteile.

Verzeichnisse

Bildquellen

Bildquellen

Guni & Streitferdt, Böblingen: Umschlagfotos (4), Abb. S. 2, 7, 11, 13, 15, 23, 39, 40, 47, 55, 59, 63, 66, 67, 68, 71, 74, 77, 81, 85, 87, 99, 114, 118/119, 120.

Fa. Western Imports GmbH, Leutkirch-Bettelhofen: Abb. S. 1, 24 unten, 27, 38, 48, 49, 51, 56 (2), 57, 64, 79, 91, 92, 96, 97 (2), 106, 111 (2), 122, 125.

Fa. Hermann Sprenger GmbH, Iserlohn: Abb. S. 4, 17, 21, 24 oben, 25, 26, 29 (2), 30, 33 (2), 42, 43 (2), 44, 45, 58 (3), 72, 94.

Thomas Höller, Kollmarsreute: Abb. S. 83, 101.

Horse Harmony, Angelika Schmelzer, Altrip: Abb. S. 103.

Die Zeichnungen fertigte Renate Weiterschan, Sindelfingen, nach Vorlagen der Verfasserin an.

Literatur

Becher, Rolf: Erfolg mit Longe, Hilfszügel und Gebiß. Müller Rüschlikon Verlags AG, Cham, 6. Auflage, 1994.

Bellinghausen, Wilfried: Pferdekrankheiten. Verlag Eugen Ulmer, Stuttgart, 2. Auflage, 1996.

Ende, Dr. Helmut: Erste Hilfe für das Pferd. Müller Rüschlikon Verlags AG, Cham, 1992.

Fellmer, Eberhard: Rechtskunde für Pferdehalter und Reiter. Verlag Eugen Ulmer, Stuttgart, 2. Auflage, 1984.

Handbuch Pferd. BLV Verlagsgesellschaft mbH, München, 5. Auflage, 1994.

Hermans, W.A.: Hufpflege und Hufbeschlag. Verlag Eugen Ulmer, Stuttgart, 1992.

Klimke, Reiner: Cavaletti. Franckh-Kosmos Verlags GmbH & Co., Stuttgart, 7. Auflage, 1989.

Kreinberg, Peter: Handbuch für das Westernreiten. Wilhelm Siegmund, Moisburg.

Kresse, Wolfgang: Wanderreiten. Verlag Eugen Ulmer, Stuttgart, 1994.

Launer, Peter, et al.: Krankheiten der Reitpferde. Verlag Eugen Ulmer, Stuttgart, 1990.

Penquitt, Claus: Die Freizeitreiter-Akademie. Franckh-Kosmos Verlags GmbH & Co., Stuttgart. 1993.

Rödder, Fritz: Ohne Huf kein Pferd. Müller Rüschlikon Verlags AG, Cham, 5. Auflage, 1995.

Todd, Mark: Vielseitigkeitsreiten. Verlag Eugen Ulmer, Stuttgart, 1997.

Register

A
Äfter 84
Allergie 14, 18
Allround Stirrup 111
Aluminium-Bronze 16
Amerikanisches Bosal 54f.
Amerikanisches Sperrhalfter 69
Anzüge 20f.
Arabian Tree 92
Arbeitssättel 89, 96, 100
Argentan 14f., 22, 26, 31
Armeesattel 99
Asymmetrische Gebißschenkel 26
Aufziehtrense 32f., 81
Aurigan 14f., 26, 43
Ausbildung junger Pferde 20, 21, 22, 40, 54, 56, 70, 71,
Ausbildungsgebiß 19f., 21, 26
Ausbindezügel 76f.
Ausdrehen der Kinnkette 72

B
Back Cinch 93, 95
Back Rigging 93
Backenstück 62, 64f.
Barrel Race, -Racer 79, 96f.
Beizäumung 34, 50
Bosal 54f., 70
Braced Cheek Bit 27
Braced Snaffle Bit 27
Briddle 21
Bronc Sattel 97
Brünierung 16
Bügelreithalfter 75

C
Camargue-Bügel 109
Cantle 93
Center-Fire-Rigging 95
Chambon 34, 80, 81

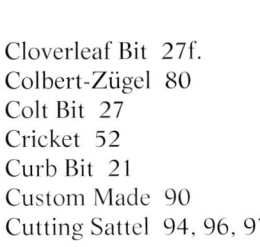

Klassischer Einohrzaum für den täglichen Gebrauch.

Cloverleaf Bit 27f.
Colbert-Zügel 80
Colt Bit 27
Cricket 52
Curb Bit 21
Custom Made 90
Cutting Sattel 94, 96, 97

D
D-Snaffle 25
Damensattel 88
Deutscher Armeesattel Nr. 25 85, 99
Deutsches Reithalfter 65f.
Distanzkette 53
Distanzreiten 97, 107
Distanzstange 21, 26, 28, 39, 49, 58
Doppelgurtung 96
Doppelt gebrochene Gebisse 19f.
Doppeltrense 26f., 33
Dr. Bristol Gebiß 17, 25f., 28, 33
Dreieckszügel 81
Dressurbügel 108
Dressursattel 87
Duo Pelham 44

Register

Duo Trense 17
Durchfallende Kandare 46

E

Edelstahl 14, 16, 20, 26, 31
Eggbutt Snaffle Bit 25
Einfach gebrochene Gebisse 18f.
Einfache Stange 42
Einohrzaum 62, 64f.
Eisen 14, 16, 18, 24, 27, 35
Elastikgurt 113
Ellbogenkandare 46
Endurance Sattel 97
Englische Sättel 82f.
Englisches Reithalfter 66f., 68

F

Fahrsport 16, 32, 33, 40, 46
Federbaum 82
Fender 93
Fiadore 57
Fiberglas 91
Filz 104, 105, 111
Flötentrense 31, 33, 52
Fohlenhalfter 12
Fork 93
Freikopper 31
Front Rigging 93
Führstrick 10f., 12
Full Cheek Snaffle Bit 31f.
Full Double Rigging 96
Full Quarter Tree 92

G

Gag Snaffle Bit 32f.
Gangpferde 28, 53, 57, 99
Gaucho Sattel 100f.
Gebisse 14f.
Gebißlose Zäumung 30, 31, 52, 54f.
Gebißmaterial 14f.
Gebrauchssattel 92, 95
Gebrochene Gebisse 18f.
Gelkissen 105
Genickstück 62, 64f.
German Silver 14
Gewicht des Sattels 89, 91
Gogue 80
Grazer Bit 40, 48, 73

Greg-Darnall Bit 20, 27
Grünspan 16
Gullet 92
Gummi 16, 17
Gummischeiben 75
Gummistange 40, 42
Gummizügel 70
Gurtschoner 113

H

Hackamore 54, 58f.
Haflingersattel 98
Hair Rope 70
Hakenzähne 19
Half-Breed Bit 51f., 52, 70
Halfter 10f.
Halsring 61
Hannoversches Reithalfter 66
Hartgummi 16, 35, 44
Hartgummistange 42
Headset 37, 79
Hebel 19, 20, 27, 36
Hengste 19, 53
Highport Bit 48, 51
Hilfszügel 76f.
Hinterzwiesel 82, 84f.
Hirtensattel 100f.
Holzbaum 90f.
Holzbügel 109f.
Horn 90, 93
Horse Hair Cinch 111

I

Indianerdecke 106
IQ-Gebiß 33
Irisches Reithalfter 69
Isländer Kandare 28f.
Isländersattel 98

J

Jagdsattel 82, 87
Jointed Kimblewick Bit 28

K

Kalifornische Gebisse 50f., 70
Kandare 7, 15, 21, 28, 34 f, 45f., 47
Kappzaum 71
Kavalleriesättel 82, 89

Register

Kehlriemen 62
Kimblewick 28, 44f.
Kineton 74, 75
Kinnkette 28, 36, 37, 44f., 49, 53, 72
Kinnkettenunterlage 72
Kinnriemen 20, 36, 40, 49, 72
KK-Conrad Ausbildungsgebiß 26
KK-Conrad-Trense 43
KK-Korrekturgebiß 43
KK-Schulungsgebiß 43
Knebeltrense 28, 31f.
Kodel 105, 111, 113
Köhlerzügel 80
Kombi-Hackamore 58
Kombiniertes Reithalfter 69
Kopfeisen 84, 86, 89
Kopfstück 62, 64f.
Koppen 31
Korbbügel 109
Korrekturgebisse 28f., 52f.
Korrekturzäumung 57, 59, 60
Kournakoff-Bügel 108f.
Kreuzbandhalfter 69
Kunststoff 17, 44
Kunststoffbaum 82, 90f.
Kunststoffbügel 109f.
Kunststoffstange 42
Kupfer 14, 16, 18, 20, 24, 17, 31f., 34
Kupfer-D-Trense 25
Kupfer-Rollengebiß 33
Kupferdraht 26
Kupfernoppen 16
Kupferrollen 25, 16, 49, 52

L

Lammfell 104
Langstreckenritte 89, 98, 100, 107
Ledergebiß 17, 22, 35, 40, 43
Ledergurt 111, 112
Lederpelham 43
Linda Tellington-Jones Bit 49
Lindel 31, 57f.
Löffeltrense 30
Longierbrille 78
Longierdreieck, unteres 81
Longieren 71, 76, 80, 81
Loose-Jaw Bit 52
Lorenz-Zügel 81

M

Martingal 78f.
Martingalschieber 78
Martingalstopper 79
McClellan Sattel 100f.
Mecate 56f., 70
Mechanische Hackamore 58f.
Medium Port Bit 38
Merothische Kombination 60f.
Merothisches Reithalfter 31, 60f.
Messing 16, 18
Mexikanisches Reithalfter 63, 69
Militärsattel 99
Mona-Lisa Bit 52, 70
Mullen Mouth 42, 50
Mullen Port Bit 48

N

Nathegebiß 17, 42
Naturfell 107
Navajodecke 106
Neckreining 40, 59, 70
Neusilber 14
Nickel 14, 18
Nopp-Gebiß 31, 33
Nußknackerwirkung 19, 10, 22, 25

O

Oberbaum 36f.
Ohrschlaufe 64
Olivenkopftrense 25
Orte 84

P

Packtaschen 98, 100
Pad 102
Pasopferde 53, 101
Paßform, Sattel 82f., 84, 90, 92f.
Pauschen 86, 88
Peacock-Bügel 108
Pelham 17, 27f., 44
Pelhamriemchen 28, 44, 75
Pencil Bosal 69, 78
Peruanische Gangpferdestange 53
Peruanisches Bosal 57
Pleasure Sattel 92, 94
Pole Bending 79
Pritschensättel 82

Register

Pull-and-Slack 56, 57, 60
Pullerriemen 73

Q
Quarter Horse Tree 92

R
Racing Bit 32
Ralide 91
Rawhide-Tree 90f.
Reining Sattel 92
Reitdreieck, oberes 81
Reithalfter 62, 64f.
Reitkissen 88
Rennsättel 88
Renntrense 32, 33
Rigging 93
Rindersattel 100f.
Ringmartingal 77, 79
Rollengebiß 16
Rollentrense 25, 33
Rollerbit 49f.
Romal Reins 70
Roping Sattel 92, 94, 95f.
Round Skirt 93f.
Roy-Hackamore 58

S
S-Kandare 45, 46
S-Shanks 48
Salinas Bit 52, 70
Salinas Mouth 52
Santa-Barbara Spade Bit 51
Sättel 82f.
Sattelaufbau 82
Sattelbaum 82, 90
Satteldecke 104f.
Satteldruck 102, 107, 110, 112
Sattelgurt 86, 110f.
Sattelpad 105
Sattelschloß 84
Sattelunterlagen 102f.
Sattelzubehör 102f.
Schabracke 104
Schenkeltrense 31
Scherriemen 75
Schichtholzbaum 90f.
Schlaufzügel 79f., 80

Schultheiskandare 45
Schulungsgebiß 43
Schweifriemen 88, 99
Schweißblatt 86
Seitsattel 88
Semi Quarter Tree 92
Shanks 36
Sicherheitsbügel 108
Sidepull 57f.
Simplex-Bügel 108
Sitz des Reiters 20, 21, 38, 50, 87
Sitzgrößen 94
Skirting 89, 91f., 93, 95

SMx Cinch 111
Snaffle Bit 21, 24
Snaffle Bit with Shanks 21, 27f.
Spade Bit 31, 70
Spanische Sättel 83, 89
Sperrhalfter 64
Sperriemen 68, 69
Spezialgebisse 28f., 52f.
Spezialsättel 88f., 95f.
Spieler 30, 33, 35, 52
Split Reins 70
Sporenriemen 20, 72

Register

Springkandare 28, 44
Springsattel 87f.
Square Skirt 93f.
Stainless Roller Bit 25
Stangengebisse 34f.
Steigbügel 86, 93, 108f.
Steigbügelaufhängung 93
Steigbügelriemen 86, 108f., 110
Steigergebiß 53
Stirnbandzaum 62, 64f.
Stocksattel 100f.
Stopperriemen 75
Stoßzügel 76f.
Strick 10f.
String 93
Strotzende Kandare 37, 46
Sturzfeder, -öse 84
Sweet Bit 50
Sweet Iron 16, 24, 27
Sweet Mouth 42, 44, 50
Sweetwater Drifter 50

T

Taillierte Sitzfläche 88
Textilsattel 89
3 Piece Snaffle 25f.
Tie Strap 93
Tie-Down 69, 78f.
Töltsattel 99
Tom-Thumb Bit 26f.
Tooling 96
Trachten 84f.
Trachtensattel 89, 98f.
Tragbaum 84
Trail Sattel 97
Training Bit 40, 49f.
Trainingsgebiß 52
Trammel Bit 24, 38
Trekkingsattel 101
Twisted Snaffle 26f.

U

Unterbaum 36f.
Unterleder 89
Unterlegtrense 45f.

V

Verpassen des Gebisses 37, 46f.
Vielseitigkeitssattel 85, 88
Vorderzeug 77, 88, 95, 113f.
Vorderzwiesel 82, 84f.
Vosal 59f.
VS-Sattel 88

W

Wanderreiten 91, 97, 98, 104
Wassertrense 18f., 24f., 30
Weichgummi 16, 35, 42
Western Show Bit 39, 40
Westerngurte 111
Westernsättel 89f.
Westernsteigbügel 109f., 111
Westernsteigbügelriemen 110
Wiener Zügel 81
Woilach 102, 107
Wollfilz 104

Z

Zäume 62f.
Zink 14, 16,
Zinn 14, 16
Zügel 69f.
Zügelführung 20, 38f.
Zungenfehler 30, 35, 43
Zungenfreiheit 34f., 36, 37, 43, 45f.
Zungenstrecker 30, 35, 52

Mehr zum Thema ...

Das Vielseitigkeitsreiten als sportlicher Wettbewerb ist ein reiterlicher Dreikampf, bestehend aus einer Dressurprüfung, einer Geländeprüfung und einer Springprüfung sowie manchmal auch einer Verfassungsprüfung für das Pferd. Es werden dabei hohe Ansprüche an Reiter und Pferd gestellt. Der Vielseitigkeitsreiter muß alle drei Disziplinen beherrschen und auch sein Pferd entsprechend ausgebildet haben. Vielseitigkeitsreiten gilt als die Krone der Reiterei. Es begeistert die unterschiedlichsten Reiter, ob jung oder alt, ob Einsteiger oder Profi. Mark Todd, der von vielen Kennern als bester "Allround-Horseman" der Welt bezeichnet wird, gibt in diesem Buch sein praktisches Wissen zu allen wichtigen Themen weiter. Er spricht aus großer Erfahrung und weiß, wie man eine optimale Partnerschaft zwischen Pferd und Reiter speziell für die Vielseitigkeit aufbaut.

Vielseitigkeitsreiten. Schritt für Schritt zur ersten Military. Mark Todd. 128 S., 180 Farbfotos, 15 Zeichnungen. ISBN 3-8001-7365-4

Pferdebesitzer bemühen sich in der Regel besonders intensiv um die Gesundheit ihrer Tiere. Dieses Buch vermittelt das Basiswissen, um Krankheiten erkennen und einschätzen zu können. Wichtige Fachbegriffe werden erläutert, damit Mißverständnisse zwischen Tierarzt und Tierhalter vermieden werden.
<u>Aus dem Inhalt:</u> Normalwerte und Laboruntersuchungen. Ernährung. Gewichts- und Altersbestimmung. Anatomie des Pferdes. Erkrankungen des Atmungsapparates. Erkrankungen von Herz, Kreislauf und Blutgefäßen. Erkrankungen des Verdauungsapparates. Stoffwechselkrankheiten: Leber und Niere. Fortpflanzung. Erkrankungen des Bewegungsapparates. Hauterkrankungen. Sinnesorgane und Nervensystem. Infektionskrankheiten. Vergiftungen. Tiermedizin und Recht. Töten und Tierkörperbeseitigung. Notfallapotheke und Erstversorgung.

Pferdekrankheiten. Dr. med. vet. W. Bellinghausen, Prof. Dr. H. Woernle (Hrsg.). 127 Seiten, 80 Farbfotos, 23 Zeichn., 2 Tab. ISBN 3-8001-7350-6

Noch mehr zum Thema ...

Dieses Buch ist eine verständnisvolle Unterweisung für alle Freizeit- und Geländereiter, die mit ihren Pferden unterwegs sein wollen. Der Reiter wird mit den Anforderungen eines Wanderritts an Ausbildung und Kondition von Pferd und Reiter vertraut gemacht. Welche Kenntnisse in Haltung und Pflege, Straßenverkehrsordnung, Reitrecht, Kartenkunde und Verhalten werden verlangt? Das Buch gibt die nötigen Hilfen, von der Planung, Vorbereitung und Durchführung bis zur Ausrüstung und der Zeitplanung. Auch beispielhafte Streckenempfehlungen mit detaillierten Informationen sind enthalten.
<u>Aus dem Inhalt:</u> Der Wanderreiter und sein Pferd. Maßnahmen vor dem Wanderritt. Ausrüstung von Reiter und Pferd. Planung und Durchführung des Wanderrittes. Verhalten während des Rittes. Erste Hilfe für Pferd und Reiter. Versicherungs- und Rechtsfragen. Adressen und Informationen.

Wanderreiten. W. Kresse. 259 Seiten, 31 Farbf., 36 sw-Fotos, 75 Zeichn., 8 Karten. ISBN 3-8001-7304-2

Das Gefühl für ein Pferd muß durch Wissen ersetzt werden. Seine Familienstrukturen und Verhaltensweisen, seine Instinkte und speziellen Fähigkeiten zu kennen und zu verstehen ist nicht nur wichtig, um eine artgerechte Haltung zu gewährleisten, es vermeidet auch Verständnisprobleme im Stall und unter dem Sattel. Dieses Buch klärt anschaulich, leicht verständlich und praxisbezogen über Psychologie und Verhaltensweisen des Pferdes auf. Es hilft damit Reitern, Pferdehaltern und Züchtern im täglichen Umgang mit ihren Tieren.
<u>Aus dem Inhalt:</u> Gehörsinn und Orientierungssinn. Familienleben. Egoismus der Gene – Altruismus im Sozialverhalten. Distanz und Nähe. Freunde und Feinde. Streß und Angst. Motivation, der Erfolgsfaktor bei der Ausbildung. Untugenden. Konditionstraining. Körpersprache der Pferde.

Umgang mit Pferden. Eine praktische Verhaltenskunde. Sibylle Luise Binder. 192 S., 25 Farb- und 42 sw-Fotos, 12 Zeichn. ISBN 3-8001-7293-3